公民新法早知道系列

阳光普法
关注民生 传播法律

民法典 人格权编 热点问题100问

MINFADIAN
RENGEQUAN BIAN
REDIAN WENTI 100 WEN

中国法制出版社
CHINA LEGAL PUBLISHING HOUSE

前言／Preface

《中华人民共和国民法典》是新中国成立以来第一部以“法典”命名的法律，是新时代我国社会主义法治建设的重大成果。民法典系统整合了新中国70多年来长期实践形成的民事法律规范，汲取了中华民族5000多年优秀法律文化，借鉴了人类法治文明建设有益成果，是一部体现对生命健康、财产安全、交易便利、生活幸福、人格尊严等各方面权利平等保护的民法典。

为加强民法典的宣传教育，讲清楚实施好民法典，让民法典走到群众身边、走进群众心里，我们组织力量编写了这套《公民新法早知道系列》，用问答和漫画相结合的形式阐释了民法典中与民生相关的热点问题与立法亮点，帮助广大读者及时掌握民法典中的一系列新规定新概念新精神。

希望本书的出版能够回应广大人民群众的关切，普及民法典法律知识，使大家认识到民法典既是保护自身权益的法典，也是全体社会成员都必须遵循的规范，形成遇事找法的习惯，培养解决问题靠法的意识和能力。

编者

2020年7月

目录／Contents

上篇　看图说法

下篇　问答解法

附录

上篇
看图说法

1. 侮辱、诽谤死者名誉需要承担法律责任吗？

《中华人民共和国民法典》

第九百九十四条　死者的姓名、肖像、名誉、荣誉、隐私、遗体等受到侵害的，其配偶、子女、父母有权依法请求行为人承担民事责任；死者没有配偶、子女且父母已经死亡的，其他近亲属有权依法请求行为人承担民事责任。

普法讲堂

死者的人格受法律保护。死者的姓名、肖像、名誉、荣誉、隐私、遗体等人格可能遭受他人侵害。例如，未经许可而擅自使用死者的姓名、肖像；以侮辱、诽谤等方式侵害死者的名誉、荣誉；非法披露、利用死者的隐私和个人信息；非法利用、损害死者的遗体（包括尸体、尸骨、骨灰）等。在这种情况下，死者的配偶、子女、父母有权依法请求行为人承担民事责任，要求对方停止侵害、恢复名誉并赔偿精神损害。如果死者没有配偶、子女并且父母已经死亡的，其他近亲属也有权依法请求行为人承担民事责任。

2. 人格权正在被侵害，受害人可以向法院申请禁令保护吗？

《中华人民共和国民法典》

第九百九十七条　民事主体有证据证明行为人正在实施或者即将实施侵害其人格权的违法行为，不及时制止将使其合法权益受到难以弥补的损害的，有权依法向人民法院申请采取责令行为人停止有关行为的措施。

普法讲堂

在网络时代，有些侵害人格权的行为，如果无法被及时制止，可能造成不可逆转、难以弥补的损害。如果行为人正在实施或者即将实施侵害民事主体人格权的违法行为，不及时制止将使其合法权益受到难以弥补的损害，且民事主体对此有确切证据证明，则其有权依法向人民法院申请采取责令行为人停止有关行为的措施。民事主体的申请合法的，人民法院应当采取责令行为人停止有关行为的措施。

3. 死者家属可以共同决定遗体捐献吗?

《中华人民共和国民法典》

第一千零六条　完全民事行为能力人有权依法自主决定无偿捐献其人体细胞、人体组织、人体器官、遗体。任何组织或者个人不得强迫、欺骗、利诱其捐献。

完全民事行为能力人依据前款规定同意捐献的，应当采用书面形式，也可以订立遗嘱。

自然人生前未表示不同意捐献的，该自然人死亡后，其配偶、成年子女、父母可以共同决定捐献，决定捐献应当采用书面形式。

普法讲堂

自然人享有捐献或者不捐献人体细胞、人体组织、人体器官和遗体的自主决定权。人体捐献的意愿必须合法，不得违反法律规定或违背公序良俗。人体捐献的意愿必须真实自由，任何组织或者个人不得强迫、欺骗、利诱他人捐献。只有完全民事行为能力人才有权决定捐献，限制民事行为能力人和无民事行为能力人，不能作出人体捐献的有效同意。同意捐献的表示，应当采用书面形式或者有效的遗嘱形式。如果自然人生前未表示不同意捐献的，在该自然人死亡后，其配偶、成年子女、父母可以共同以书面形式决定捐献，任何一个人不同意捐献的，都不能捐献。

4. 人体可以买卖吗？

《中华人民共和国民法典》

第一千零七条　禁止以任何形式买卖人体细胞、人体组织、人体器官、遗体。

违反前款规定的买卖行为无效。

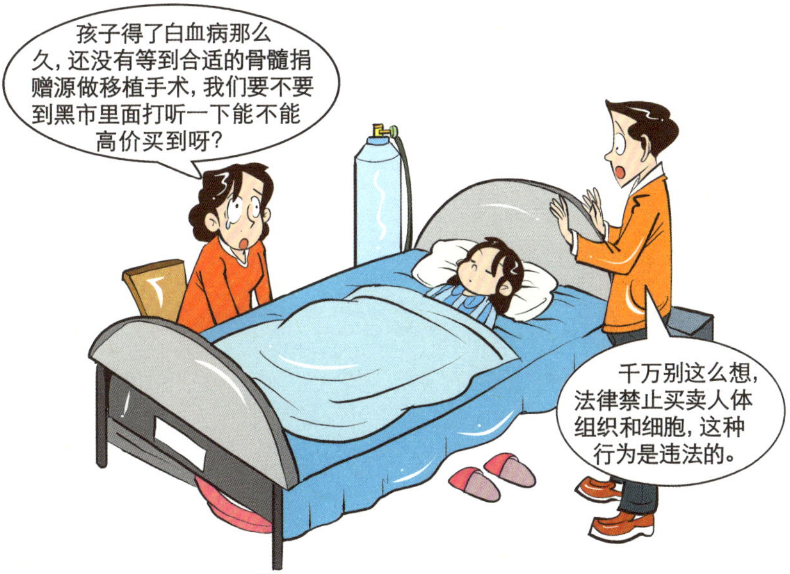

普法讲堂

法律保护人格尊严，人是目的而非手段，人体组成部分不应成为交易的客体。所以，人体只能无偿捐献，法律禁止以任何形式买卖人体细胞、人体组织、人体器官、遗体。除了直接付款给出卖人，对死者的近亲属或者其他中间人、负责尸体的机构付款，都可能构成买卖。将人体组成部分作为质押或者租赁的标的，都属于对人体的有偿利用，也被法律禁止。买卖人体的行为均属无效。

5. 遇到性骚扰应当如何维权？

《中华人民共和国民法典》

第一千零一十条　违背他人意愿，以言语、文字、图像、肢体行为等方式对他人实施性骚扰的，受害人有权依法请求行为人承担民事责任。

机关、企业、学校等单位应当采取合理的预防、受理投诉、调查处置等措施，防止和制止利用职权、从属关系等实施性骚扰。

普法讲堂

性骚扰行为是对受害人人格权益、人格尊严、人格自由的侵害，会造成受害人抑郁、焦虑、恐惧以及其他健康问题，法律禁止性骚扰的行为。构成性骚扰一般应当符合以下条件：性骚扰中受害人是自然人；行为与性有关；违背他人意愿；行为一般应当达到一定的严重程度；行为一般具有明确的针对性；行为人主观上一般是故意的。被性骚扰行为侵害的受害人有权依法请求行为人承担民事责任。法律还规定单位应当采取合理的预防、受理投诉、调查处置等措施，防止和制止利用职权、从属关系等实施性骚扰。单位未尽上述义务的，也要依法承担侵权责任。

6. 超市保安可以随意搜查顾客的身体吗？

《中华人民共和国民法典》

第一千零一十一条　以非法拘禁等方式剥夺、限制他人的行动自由，或者非法搜查他人身体的，受害人有权依法请求行为人承担民事责任。

普法讲堂

法律禁止非法剥夺、限制他人行动自由。绑架、非法拘禁、非法强制住院治疗等行为，都构成对他人行动自由的侵害。同时，法律禁止非法搜查他人身体。例如，超市、商场无权因怀疑顾客偷东西而搜查顾客身体。非法搜查他人身体、限制行动自由，侵犯了被搜查者的人格尊严、人身自由。在出现以上情形时，受害人有权请求行为人承担侵权责任。如果造成受害人严重精神损害，则受害人还有权请求精神损害赔偿。

7. 被他人冒名顶替上学或工作，该怎么办？

《中华人民共和国民法典》

第一千零一十四条 任何组织或者个人不得以干涉、盗用、假冒等方式侵害他人的姓名权或者名称权。

普法讲堂

姓名是人的标识，是人和人相区别的语言标识，它的基本功能是防止个人身份的混淆，彰示个人的人格特征。法律规定自然人享有姓名权，有权依法决定、使用、变更或者许可他人使用自己的姓名。任何组织或者个人不得以干涉、盗用、假冒等方式侵害他人的姓名权或者名称权。干涉行为，表现为干涉子女决定、使用和变更姓名，干涉被监护人决定和使用其姓名。盗用他人姓名，即未经他人同意或授权，擅自以他人名义实施有害于他人和社会的行为。假冒他人姓名，是指冒充他人之名进行活动。冒充他人上学、工作，均属侵犯他人姓名权的行为，应当承担民事责任。

8. 可以给孩子选择父姓或母姓之外的其他姓氏吗？

《中华人民共和国民法典》

第一千零一十五条　自然人应当随父姓或者母姓，但是有下列情形之一的，可以在父姓和母姓之外选取姓氏：

（一）选取其他直系长辈血亲的姓氏；

（二）因由法定扶养人以外的人扶养而选取扶养人姓氏；

（三）有不违背公序良俗的其他正当理由。

少数民族自然人的姓氏可以遵从本民族的文化传统和风俗习惯。

普法讲堂

姓氏凝聚着中华传统文化，体现了宗族血脉和家族传承，并且涉及社会管理，对姓氏的选择应当进行适当规范和限制，如不能违背公序良俗原则，不能损害社会公共利益和国家利益等。公民可以自由选择姓氏，但可以选择的姓氏仅包括以下几种：随父姓、随母姓、随直系长辈血亲的姓氏、扶养人的姓氏，还有一条兜底条款，可以随其他不违背公序良俗且有正当理由的姓氏。所以自然人的姓氏并不是无原则地自由选取的，某些异想天开的奇葩姓名是不能取的。另外，养子女可以随养父或者养母的姓氏，经当事人协商一致，也可以保留原姓氏。

9. 别人能够擅自使用我的肖像吗?

《中华人民共和国民法典》

第一千零一十八条　自然人享有肖像权，有权依法制作、使用、公开或者许可他人使用自己的肖像。

肖像是通过影像、雕塑、绘画等方式在一定载体上所反映的特定自然人可以被识别的外部形象。

普法讲堂

未经肖像权人同意，不得制作、使用、公开肖像权人的肖像，但是法律另有规定的除外。只有合理实施下列行为的，可以不经肖像权人同意：（1）为个人学习、艺术欣赏、课堂教学或者科学研究，在必要范围内使用肖像权人已经公开的肖像；（2）为实施新闻报道，不可避免地制作、使用、公开肖像权人的肖像；（3）为依法履行职责，国家机关在必要范围内制作、使用、公开肖像权人的肖像；（4）为展示特定公共环境，不可避免地制作、使用、公开肖像权人的肖像；（5）为维护公共利益或者肖像权人合法权益，制作、使用、公开肖像权人的肖像的其他行为。

10. 肖像权许可合同可以任意解除吗？

《中华人民共和国民法典》

第一千零二十二条　当事人对肖像许可使用期限没有约定或者约定不明确的，任何一方当事人可以随时解除肖像许可使用合同，但是应当在合理期限之前通知对方。

当事人对肖像许可使用期限有明确约定，肖像权人有正当理由的，可以解除肖像许可使用合同，但是应当在合理期限之前通知对方。因解除合同造成对方损失的，除不可归责于肖像权人的事由外，应当赔偿损失。

普法讲堂

当事人对肖像许可使用期限没有约定或者约定不明确的，属于不定期继续性合同。为了避免当事人无限期地受到合同约束，防止逸出个人自主决定的范围，法律赋予双方任意解除权。任何一方当事人都可以随时解除肖像许可使用合同，但是应当在合理期限之前通知对方。如果当事人对肖像许可使用期限有明确约定，肖像权人有正当理由的，也可以解除肖像许可使用合同，但是应当在合理期限之前通知对方。这是因为肖像权的许可涉及人格尊严，当人格权和财产权发生冲突时，法律倾向保护人格权。但因肖像权人解除合同造成对方损失的，除不可归责于肖像权人的事由外，应当赔偿损失。

11. 哪些行为属于侵犯他人名誉权的行为？

《中华人民共和国民法典》

第一千零二十四条　民事主体享有名誉权。任何组织或者个人不得以侮辱、诽谤等方式侵害他人的名誉权。

名誉是对民事主体的品德、声望、才能、信用等的社会评价。

普法讲堂

任何组织或者个人不得以侮辱、诽谤等方式侵害他人的名誉权。侮辱是指故意以暴力或其他方式贬低他人人格，毁损他人名誉。例如，以暴力行为、语言、文字等方式进行侮辱。诽谤是指以书面、口头等形式捏造事实公然丑化他人人格的行为。行为人实施新闻报道、舆论监督等行为，影响他人名誉的，不承担民事责任，但是有下列情形之一的除外：（1）捏造、歪曲事实；（2）对他人提供的严重失实内容未尽到合理核实义务；（3）使用侮辱性言辞等贬损他人名誉。

12. 电视新闻报道内容失实，侵害他人名誉权，应当如何处理？

《中华人民共和国民法典》

第一千零二十八条　民事主体有证据证明报刊、网络等媒体报道的内容失实，侵害其名誉权的，有权请求该媒体及时采取更正或者删除等必要措施。

普法讲堂

新闻报道具有时效性，如果在受害人请求更正不实报道后，媒体及时作出更正，可以最低限度地减少对人格权的侵害，减轻不实报道对社会公众评价的影响。因此，如果报刊、网络等媒体报道的内容失实，侵害他人名誉权，受害人有权请求该媒体及时采取更正或者删除等必要措施。如果媒体没有及时采取措施，受害人有权请求人民法院责令该媒体在一定期限内履行。

13. 侵害他人隐私权的行为都有哪些?

《中华人民共和国民法典》

第一千零三十二条　自然人享有隐私权。任何组织或者个人不得以刺探、侵扰、泄露、公开等方式侵害他人的隐私权。

隐私是自然人的私人生活安宁和不愿为他人知晓的私密空间、私密活动、私密信息。

普法讲堂

隐私权的价值在于个人自由和尊严的本质，体现于个人自主，不受他人的操纵及支配。隐私是自然人的私人生活安宁和不愿为他人知晓的私密空间、私密活动、私密信息。法律规定任何组织或者个人不得以刺探、侵扰、泄露、公开等方式侵害他人的隐私权。除权利人明确同意外，任何组织或者个人不得实施下列行为:（1）以电话、短信、即时通讯工具、电子邮件、传单等方式侵扰他人的私人生活安宁;（2）进入、拍摄、窥视他人的住宅、宾馆房间等私密空间;（3）拍摄、窥视、窃听、公开他人的私密活动;（4）拍摄、窥视他人身体的私密部位;（5）处理他人的私密信息;（6）以其他方式侵害他人的隐私权。

14. 哪些信息属于法律保护的个人信息？

《中华人民共和国民法典》

第一千零三十四条　自然人的个人信息受法律保护。

个人信息是以电子或者其他方式记录的能够单独或者与其他信息结合识别特定自然人的各种信息，包括自然人的姓名、出生日期、身份证件号码、生物识别信息、住址、电话号码、电子邮箱、健康信息、行踪信息等。

个人信息中的私密信息，适用有关隐私权的规定；没有规定的，适用有关个人信息保护的规定。

普法讲堂

随着信息技术的不断发展，以及个人信息处理方式的数字化转变，个人信息被侵害的风险越来越高，实践中个人信息泄露的现象十分严重。有鉴于此，《民法典》针对个人信息作出较为细致的规定，以加强对个人信息的保护。自然人的姓名、出生日期、身份证件号码、生物识别信息、住址、电话号码、电子邮箱、健康信息、行踪信息等都属于个人信息。个人信息可以分为个人私密信息与非私密信息，关于私密信息，还应适用隐私权保护的规定。

15. 处理自然人个人信息有哪些法律限制?

《中华人民共和国民法典》

第一千零三十五条　处理个人信息的，应当遵循合法、正当、必要原则，不得过度处理，并符合下列条件：

（一）征得该自然人或者其监护人同意，但是法律、行政法规另有规定的除外；

（二）公开处理信息的规则；

（三）明示处理信息的目的、方式和范围；

（四）不违反法律、行政法规的规定和双方的约定。

个人信息的处理包括个人信息的收集、存储、使用、加工、传输、提供、公开等。

普法讲堂

随着互联网产业的发展以及手机的普及，每个人都离不开移动应用软件。软件过度收集个人信息并非法利用的情形屡见不鲜。因此，《民法典》对自然人个人信息的处理作出了规定。个人信息的处理包括个人信息的收集、存储、使用、加工、传输、提供、公开等。法律规定只有遵循合法、正当、必要原则，才可以处理个人信息。处理个人信息，除法律另有规定外，必须征得该自然人或者其监护人同意。另外，处理自然人信息，还应当公开处理信息的规则，明示处理信息的目的、方式和范围，且不违反法律、行政法规的规定和双方的约定。

16. 信息处理者可以将其收集存储的个人信息提供给他人吗?

《中华人民共和国民法典》

第一千零三十八条　信息处理者不得泄露或者篡改其收集、存储的个人信息；未经自然人同意，不得向他人非法提供其个人信息，但是经过加工无法识别特定个人且不能复原的除外。

信息处理者应当采取技术措施和其他必要措施，确保其收集、存储的个人信息安全，防止信息泄露、篡改、丢失；发生或者可能发生个人信息泄露、篡改、丢失的，应当及时采取补救措施，按照规定告知自然人并向有关主管部门报告。

普法讲堂

信息处理者在取得信息后，不得泄露、篡改其收集、存储的个人信息。未经被收集者同意，不得向他人非法提供个人信息。随着科技的进步和发展，数据的采集和共享方式正在发生变化，数据作为一种产业蓬勃发展。国家既要鼓励数据的开发、利用和共享，以促进数据产业的发展，也要注重个人信息的保护，数据共享与个人信息的利益保护之间需要平衡。因此，法律规定信息处理者在个人信息经过加工无法识别特定个人且不能复原的情况下，可以不经被收集者同意，向他人提供。

下篇
问答解法

第一章　一般规定

1. 民法典为什么要单独设立人格权编?

人格权是民事主体对其特定的人格利益享有的权利，关系到每个人的人格尊严，是民事主体最基本、最重要的权利。保护人格权、维护人格尊严，是我国法治建设的重要任务。为了贯彻党的十九大和十九届二中全会关于“保护人民人身权、财产权、人格权”的精神，落实宪法关于“公民的人格尊严不受侵犯”的要求，在总结我国现有人格权法律规范的实践经验的基础上，《民法典》中增设了人格权编，为人格权保护奠定和提供了充分的民事请求权法律基础。人格权编这一部分，主要是从民事法律规范的角度规定自然人和其他民事主体人格权的内容、边界和保护方式，不涉及公民政治、社会等方面权利。

2. 民法典人格权编规定了哪些内容?

人格权编规定的主要内容有：

第一，人格权的一般规定。(1) 法律规定民事主体的人格权受法律保护，人格权不得放弃、转让、继承，对人格权不得进行非法限制。（2）法律规定民事主体可以许可他人使用姓名、名称、肖像等，但是依照法律规定或者根据其性质不得许可的除外。（3）法律规定人格权受到侵害后的救济方式。

第二，各项人格权的具体规定，包括生命权、身体权和健康权，姓名权和名称权，肖像权，名誉权和荣誉权，隐私权和个人信息保护。

3. 民法典人格权编的调整范围是什么？

《民法典》第 989 条规定，本编调整因人格权的享有和保护产生的民事关系。

"人格权编"的调整范围与人格权有关。民法调整平等主体的自然人、法人和非法人组织之间的人身关系和财产关系。民事关系根据权利义务所涉及的内容不同，可以分为财产关系和人身关系。人身关系是指民事主体之间基于人格和身份形成的民事法律关系。人格权编调整前者，即人格权的享有和保护产生的民事关系。

4. 人格权具有哪些性质？

人格权的性质是指人格权作为一种民事权利所具备的属性。

首先，人格权是一种法定权利。（1）人格权的类型具有法定性。人格权作为基本的民事权利，其具体类型必须是由法律规定的。（2）人格权的内容具有法定性。每项人格权的具体内涵和效力都应当是由法律规定的。（3）人格利益保护具有法定性。人格权法定并不排除对人格权以外人格利益的保护，人格权以外的人格利益仍然受人格权一般条款的保护。（4）人格权受侵害的救济方式具有法定性。

其次，人格权是一种私权。我国宪法不具有直接适用的效力，只有通过民法将人格权转化为民事权利，才能获得民事救济。民法上的人格权，规范的是民事主体之间的法律关系。

最后，人格权主要是精神性权利。隐私、名誉、肖像等都与个人的人格尊严和人格发展密不可分，这不同于一般的财产权益。

5. 人格权具有哪些特点？

人格权具有以下特点：

（1）固有性，是指人格权是主体所固有的权利。一些人格权随着民事主体的产生而自动取得，不需要该民事主体实施某种行为，也不以其他事实和行为为条件。任何人一旦出生，即应享有生命、身体、健康等人格权。

（2）专属性，是指人格权只能为特定的权利人所享有，与权利主体不可分离。人格权是专属权，这是人格权与财产权的重要区别。

（3）对世性，是指人格权作为对世权，除权利人之外的其他人都负有不得侵害权利人的人格权的义务。

（4）支配性，是指人格权的权利人可以直接支配其人格利益，也可以依法保有或行使其权利，无须他人行为或者意思的辅助，仅凭自己的意志即可实现权利。

（5）防御性，是指在人格权受到侵害之后，权利人有权通过消除影响、恢复名誉等手段来维护人格权利的圆满性。

（6）开放性，是指人格权是开放的、不断发展的权利体系。人格权虽然采取法定主义，但人格权类型并非封闭的、一成不变的。

6. 人格权与身份权有什么联系？

人格权和身份权都属于人身权的范畴。所谓身份权，是指自然人因婚姻关系产生的身份权利和因家庭关系产生的身份权利。例如，夫妻间的人身权、父母子女间的人身权等。

人格权与身份权的联系表现在：（1）二者都是专属权。人格权和身份权都是与权利主体的人身密切联系在一起的，它们的客体都表现为与权利人的人身不可分离的利益。（2）二者都是对世权。这两种权利的义务主体都是不特定的人，权利主体以外的所有人均为义务主体，负有不作为的义务。（3）二者都是非财产权。人格权和身份权都是以非财产利益为客体的民事权利。

7. 人格权与身份权有什么区别?

人格权与身份权的区别表现在：

（1）从性质上看，人格权是民事主体所固有的、为维护主体的人格独立所必备的生命健康、人格尊严、人身自由以及姓名、肖像、名誉、隐私等各种权利。而身份权可以是因人而异的，个人可以在取得某种身份的问题上作出选择。

（2）从主体上看，人格权既可以由自然人享有，也可以由法人、非法人组织享有。身份权只能由自然人享有。

（3）从客体上看，人格权的客体是人格权所指向的具体人格利益，而身份权的客体则是基于一定的身份所取得的利益。

（4）权利的取得不同。人格权因主体的出生或成立而取得。而身份权取得的原因则各不相同，行为人取得某些身份权不仅要有一定的行为能力，而且还要实施一定的法律行为，如因结婚取得配偶权、因收养而形成养父母子女关系等。

（5）权利的存续期限不同。人格权的存续期限与主体作为独立人格的地位是联系在一起的，它因权利人的出生或成立而取得，因权利人的死亡或终止而丧失。身份权则是以一定的身份的存在为前提，并以身份的存续为权利存续的前提，如夫妻关系解体、配偶关系丧失，则配偶权便消灭。

8. 人格权具体包括哪些权利?

《民法典》第 990 条规定，人格权是民事主体享有的生命权、身体权、健康权、姓名权、名称权、肖像权、名誉权、荣誉权、隐私权等权利。

除以上规定的人格权外，自然人还享有基于人身自由、人格尊严产生的其他人格权益。

《民法典》针对如下具体人格权作出了规定:

（1）生命权、身体权和健康权。生命权是指自然人享有的以维护生命安全和生命尊严为内容的权利。身体权是指自然人享有的以维护身体完整和行动自由为内容的权利。健康权是指自然人享有的以维护自己的身心健康为内容的权利。《民法典》规定了生命权、身体权和健康权的具体内容，并对法定救助义务、人体组织器官捐献、禁止性骚扰等问题作了规定。

（2）姓名权和名称权。姓名权是指自然人享有的依法决定、使用、变更或者许可他人使用自己姓名的权利。名称权是指法人和非法人组织享有的依法使用、变更、转让或者许可他人使用自己名称的权利。《民法典》规定了姓名权、名称权的基本内容，并对民事主体尊重保护他人姓名权、名称权的基本义务作了规定。

（3）肖像权。肖像权是指自然人享有的依法制作、使用、公开或者许可他人使用自己肖像的权利。《民法典》规定了肖像权的权利内容及许可使用肖像的规则，并对可以合理使用他人肖像的情形作了规定。

（4）名誉权和荣誉权。名誉权是指自然人、法人和非法人组织就其品德、声望、才能、信用等所获得的社会评价，所享有的保有和维护的权利。荣誉权是指自然人、法人和非法人组织对其获得的荣誉及其利益所享有的保持、自主决定的权利。人格权编规定了名誉权和荣誉权的内容，并对个人权益保护和发挥新闻报道、舆论监督作用之间的平衡作了规定。

（5）隐私权和个人信息。隐私权是指自然人享有的私人生活安宁与不愿为他人知晓的私密空间、私密活动、私密信息等依法受到保护，不受他人刺探、侵扰、泄露和公开的权利。个人信息是以电子或者其他方式记录的能够单独或者与其他信息结合识别特定自然人的各种信息，包括自然人的姓名、出生日期、身份证件号码、生物识别信息、住址、电话号码、电子邮箱、健康信息、行踪信息等。针对隐私权和个人信息保护领域存在的突出问题，人格权编在现行法律规定的基础上，进一步强化了对隐私权和个人信息的保护。

此外，《民法典》第 991 条规定，民事主体的人格权受法律保护，任何组织或者个人不得侵害。这就表明，任何组织或者个人不得非法侵害、限制、剥夺他人的人格权，也不得干涉他人正常行使人格权，否则就要依法承担民事责任。

9. 法人与非法人组织享有人格权吗?

法人、非法人组织享有名称权、名誉权和荣誉权。但法人和非法人组织不能享有生命权、身体权、健康权等专属于自然人的权利。对自然人的人格权保护具有充分的伦理价值，而法人和非法人组织享有一定范围的人格权，更多涉及财产利益，或者间接地保护组织背后的自然人。

10. 人格权益的一般条款有什么功能？

《民法典》第 990 条第 1 款对民事主体所享有的人格权利的具体类型进行了列举。第 2 款规定，除前款规定的人格权外，自然人享有基于人身自由、人格尊严产生的其他人格权益。这是关于人格权益的一般条款。

随着社会的发展，可能产生新型人格权益。具体列举的人格权具有封闭性，设置人格权益的一般条款有助于适应社会的不断发展，更好地满足对于人格权益保护的需求，发挥其兜底性保护的功能，保持人格权制度发展的开放性。因此，一般人格权具有抽象概括性、兜底性、价值的导向性、基础性和本源性等特点。

但是，如果被侵犯的人格权益在法律上有明确规定，就应纳入具体列举的人格权的保护范围，而不应适用人格权益的一般条款。例如，商场因怀疑顾客偷东西而对其进行搜身，法院原以顾客一般人格权遭受损害为由，支持顾客要求商场赔偿其精神损害的请求。但是，现行《民法典》第 1011 条规定："以非法拘禁等方式剥夺、限制他人的行动自由，或者非法搜查他人身体的，受害人有权依法请求行为人承担民事责任。”据此，非法搜查身体已经在法律上有明文规定，则无须适用人格权益的一般条款。

11. 什么是人格权益的一般条款中的人身自由？

《民法典》第 990 条第 2 款规定：“除前款规定的人格权外，自然人享有基于人身自由、人格尊严产生的其他人格权益。”

人身自由，包括身体行动的自由和自主决定的自由。身体行动的自由，主要是指肢体行为等物理活动上的自由。换句话说，个人可以自由支配其身体组成部分，并且进行自由活动。自主决定的自由，是指一个人有不受他人干涉个人抉择的权利。例如，个人生活型态、与他人要建立何种关系、繁衍后代的决定等。人身自由是自然人自主参加社会各项活动、参与各种社会关系、行使其他人身权和财产权的基本保障，是自然人行使其他一切权利的前提和基础。

12. 什么是人格权益的一般条款中的人格尊严？

《民法典》第 990 条第 2 款规定：“除前款规定的人格权外，自然人享有基于人身自由、人格尊严产生的其他人格权益。”

人格尊严，是指个人作为一个人所应有的最基本的社会地位并且应当受到社会和他人的最基本的尊重，是个人基于自己所处的社会环境、地位、声望、工作环境、家庭关系等各种客观条件而对自己和他人的人格价值和社会价值的认识和尊重。人格尊严不受侵犯，是自然人作为人的基本条件之一，也是社会文明进步的一个基本标志。

13. 法人享有一般人格权吗?

只有自然人的人格权益才能通过人格权益的一般条款予以保护，法人和非法人组织不享有一般人格权。法人和非法人组织作为组织体，无法基于宪法而享有人身自由、人格尊严，其人格权益不具有无限发展的可能性，故无须适用一般条款予以保护。

14. 人格权可以放弃吗?

《民法典》第 992 条规定，人格权不得放弃。

人格权具有固有性，人格权是主体所固有的权利。人格权的固有性体现在其具有自动产生性。自然人出生，即享有生命权、身体权、健康权等人格权。法人设立，即自动享有名称权、名誉权等人格权，而不需要履行任何特别的程序。权利主体不得一般性地放弃人格权，否则人格必然受到缺损，人的主体地位被取消，无异于走向自由的自我否定。但是，在法律允许的范围内，民事主体有可能为了实现自己的利益，在知情的条件下，自主决定在一定时间内放弃特定范围的人格利益。例如，权利主体可以允许他人利用自己的隐私创作或拍摄影视剧等。

15. 人格权可以转让吗？

《民法典》第992条规定，人格权不得转让。

人格权具有专属性，是指人格权只能为特定的权利人所享有，与权利主体不可分离，而财产权不具有专属性，可以与权利主体相分离。肖像、姓名、名称等人格权虽不得转让，但法律不禁止权利人在符合公序良俗范围内，订立合同将其许可他人，用于推销某种商品或服务。在此情形下，当事人间仅发生债的关系，其肖像权、姓名权本身并不移转。人格权仍然属于权利主体，被许可使用的仅仅是自己的姓名、名称和肖像等特定的人格要素或者人格标识，而非人格权的整体转让。

此外，《民法典》第1006条第1款规定："完全民事行为能力人有权依法自主决定无偿捐献其人体细胞、人体组织、人体器官、遗体。"可见，法律允许无偿转让人体细胞、人体组织、人体器官、遗体。《民法典》第1013条规定："法人、非法人组织享有名称权，有权依法决定、使用、变更、转让或者许可他人使用自己的名称。"可见，法律允许法人和非法人组织依法转让名称权。

16. 人格权可以继承吗？

《民法典》第992条规定，人格权不得继承。

因为人格权不能以金钱来衡量其价值，所以不能继承，能够作为遗产被继承的只能是个人的合法财产。《民法典》第994条规定的死者人格利益保护，仅仅是死者的近亲属有权保护死者的人格不被他人侵害，而不是人格权的继承。

17. 民事主体可以将自己的姓名、名称和肖像许可他人使用吗？

《民法典》第993条规定，民事主体可以将自己的姓名、名称、肖像等许可他人使用，但是依照法律规定或者根据其性质不得许可的除外。

这里的民事主体是指自然人、法人和非法人组织。人格权本质上并非财产权，但是随着社会经济，尤其是传媒业和广告业的发展，民事主体常常将姓名、名称和肖像许可他人使用。例如，明星允许公司使用其肖像作为广告，一些个人创立的公司以自己的姓名作为公司的名称，等等。

18. 姓名、名称和肖像的许可使用受到什么限制？

《民法典》第993条规定，民事主体可以将自己的姓名、名称、肖像等许可他人使用，但是依照法律规定或者根据其性质不得许可的除外。

姓名、名称和肖像的许可使用受到依照法律规定或者根据其性质不得许可使用的限制。“依照法律规定不得许可使用”是指某些法律中有一些禁止性的规定，不得将民事主体的某些人格权许可他人使用。例如，《人类辅助生殖技术管理办法》第 3 条第 2 款规定，禁止许可人体器官实施代孕。“根据其性质不得许可使用”，主要指的是人格尊严以及公序良俗的限制。例如，生命权、身体权和健康权等物质性的人格权，以及名誉权等纯粹精神性的人格权，不适合许可他人使用。

19. 死者的人格受法律保护吗?

《民法典》第 994 条规定，死者的姓名、肖像、名誉、荣誉、隐私、遗体等受到侵害的，其配偶、子女、父母有权依法请求行为人承担民事责任；死者没有配偶、子女且父母已经死亡的，其他近亲属有权依法请求行为人承担民事责任。

《民法典》第 13 条规定，自然人从出生时起到死亡时止，具有民事权利能力，依法享有民事权利，承担民事义务。根据本条规定，自然人在死亡后就不再具有民事权利能力，也就不再享有人格权。但是，在死者的人格遭受侵害的情形下，其人格利益仍然值得保护。死者的人格保护需要满足如下条件：首先，被侵害者已经死亡。其次，死者的姓名、肖像、名誉、荣誉、隐私、遗体等受到侵害。例如，未经许可而擅自使用死者的姓名、肖像；以侮辱、诽谤等方式侵害死者的名誉、荣誉；非法披露、利用死者的隐私和个人信息；非法利用、损害死者的遗体，包括尸体、尸骨、骨灰等。

20. 谁有权为人格受侵害的死者维权？

《民法典》第994条规定，死者的姓名、肖像、名誉、荣誉、隐私、遗体等受到侵害的，其配偶、子女、父母有权依法请求行为人承担民事责任；死者没有配偶、子女且父母已经死亡的，其他近亲属有权依法请求行为人承担民事责任。

死者人格受到侵害的，其配偶、子女、父母有权依法请求行为人承担民事责任。子女，包括婚生子女、非婚生子女、养子女和有扶养关系的继子女；父母，包括生父母、养父母和有扶养关系的继父母。兄弟姐妹、祖父母、外祖父母、孙子女、外孙子女为其他近亲属。其中，死者没有配偶、子女并且父母已经死亡的，其他近亲属有权依法请求行为人承担民事责任。

21. 人格权受到侵害后，哪些请求权不受诉讼时效的限制？

《民法典》第196条第1项规定“停止侵害、排除妨碍、消除危险”的请求权不适用诉讼时效。《民法典》第995条进一步规定，人格权受到侵害的，受害人有权依照本法和其他法律的规定请求行为人承担民事责任。受害人的停止侵害、排除妨碍、消除危险、消除影响、恢复名誉、赔礼道歉请求权，不适用诉讼时效的规定。

“停止侵害、排除妨碍、消除危险”的构成，都要求现实存在对权益的妨害和危险，行为或状态处于现实持续之中，且对于维持人格完整性至关重要，所以这三类请求权不适用诉讼时效。“消除影响、恢复名誉、赔礼道歉”也同样事关人格权益保障，且本身不涉及财产方面的内容，受害人不会因行为人承担民事责任得到财产利益。因此，即使请求权人长期不行使权利，不特定第三人也不会对义务人的财产状况和经济实力产生错误的判断，故“消除影响、恢复名誉、赔礼道歉”的请求权也不适用诉讼时效制度。

22. 因违约行为侵害对方人格权的，可以在要求侵害人承担违约责任的同时也请求精神损害赔偿吗？

《民法典》第 996 条规定，因当事人一方的违约行为，损害对方人格权并造成严重精神损害，受损害方选择请求其承担违约责任的，不影响受损害方请求精神损害赔偿。

要求侵害人承担违约责任的同时也承担精神损害赔偿，需要注意以下几点：（1）损害人格权的行为构成违约责任和侵权责任的竞合。这要求当事人一方的违约行为同时构成了损害对方人格权的侵权行为。（2）当事人一方的违约行为损害对方自然人的人格权并造成严重精神损害。（3）受损害方选择请求违约方承担违约责任。（4）受害方要求承担违约责任不影响受损害方请求精神损害赔偿。例如，甲去火锅店吃火锅，由于火锅店的原因，火锅发生爆炸，导致甲容貌受损严重，甲因此遭受了严重的精神损害。火锅店损害了甲的身体权与健康权，构成违约责任与侵权责任的竞合，且对甲造成了严重的精神损害。如果甲请求火锅店承担违约责任，不影响甲同时请求火锅店赔偿精神损害。

23. 在哪些情形下，受害人可以请求人民法院责令行为人停止侵害人格权的行为？

受害人要想请求人民法院责令行为人停止侵害人格权的行为，应当符合以下条件：

（1）行为人正在实施或者即将实施侵害其人格权的违法行为。行为人正在实施侵害他人人格权的违法行为，如行为人已经在网上发布受害人的不雅照片或隐私信息，如果不及时制止，就可能使受害人的名誉、隐私进一步遭受重大损害。行为人即将实施侵害他人人格权的违法行为，是指未来有可能发生侵害人格权的现实危险，如法院可依法禁止侵害他人名誉权的文章刊载。

（2）不及时制止将使权利人的合法权益受到难以弥补的损害。这主要是指，不及时制止行为人正在实施或者即将实施侵害其人格权的行为，则权利人的合法权益受到的损害具有不可逆性，难以通过其他方式予以弥补，事后的恢复已经属于不可能或者极为困难。如果损害的发生不具有急迫性，或者即便发生也可以通过其他方式完全弥补，则行为人可通过普通诉讼程序请求人民法院判决而获得救济。

（3）民事主体有证据证明。民事主体必须提出相关的证据，证明已经具备了申请责令停止有关行为的前提条件，即行为人正在实施或者即将实施侵害其人格权的行为，不及时制止将使其合法权益受到难以弥补的损害。

24. 认定侵害人格权行为人承担的民事责任，应当考虑哪些因素？

《民法典》第998条规定，认定行为人承担侵害除生命权、身体权和健康权外的人格权的民事责任，应当考虑行为人和受害人的职业、影响范围、过错程度，以及行为的目的、方式、后果等因素。

人格权的保护可能会与宪法所保护的其他价值或其他民事权利发生冲突和碰撞。例如，人格权可能与财产权、著作权、新闻报道与舆论监督、隐私权与知情权发生冲突。在人格权与其他权利或利益的冲突中，法官在认定行为人承担侵害人格权的责任时，应当考虑以下因素：

（1）人格权的类型。生命权、身体权和健康权应当给予最高程度的保护，因此不在本条适用范围内。

（2）主体方面的因素。在行为人方面，如果行为人从事新闻报道和舆论监督的职业，则认定行为人构成侵害人格权应当更为谨慎。在受害人方面，应当考虑受害人是自然人还是法人或者非法人组织。如果是自然人，则应进一步考虑其是否是公众人物以及是何种类型的公众人物。如果是法人或者非法人组织，也要考虑不同类型。

（3）主观的过错程度。例如，行为人主观的过错程度越高，如故意或者重大过失，则越可能构成侵害人格权而承担民事责任。

（4）行为方面的因素。例如，行为的目的、方式、后果等。

25. 什么情形属于对民事主体姓名、名称、肖像、个人信息的合理使用?

《民法典》第 999 条规定，为公共利益实施新闻报道、舆论监督等行为的，可以合理使用民事主体的姓名、名称、肖像、个人信息等；使用不合理侵害民事主体人格权的，应当依法承担民事责任。

新闻报道是新闻单位对新近发生的事实的报道，包括有关政治、经济、军事、外交等社会公共事务的报道以及有关社会突发事件的报道。舆论监督是社会公众运用各种传播媒介对社会运行过程中出现的现象表达信念、意见和态度，从而进行监督的活动。《宪法》对新闻报道和舆论监督做出了明确的规定。第 35 条规定，中华人民共和国公民有言论、出版、集会、结社、游行、示威的自由。第 41 条第 1 款规定，中华人民共和国公民对于任何国家机关和国家工作人员，有提出批评和建议的权利；对于任何国家机关和国家工作人员的违法失职行为，有向有关国家机关提出申诉、控告或者检举的权利，但是不得捏造或者歪曲事实进行诬告陷害。

新闻报道、舆论监督有助于保障人民的知情权，但同时会涉及对民事主体的姓名、名称、肖像、个人信息等的使用，因此有必要对二者予以平衡。根据民法典的规定，在为公共利益实施的新闻报道和舆论监督中，为了保障人民的知情权、维护国家利益和社会公共利益，可以合理使用民事主体的姓名、名称、肖像、个人信息等，无需民事主体的同意。对民事主体的姓名、名称、肖像、个人信息等使用不合理的，应当依法承担民事责任。

26. 人格权被他人侵害，可以要求侵害人消除影响、恢复名誉、赔礼道歉吗?

《民法典》第 1000 条第 1 款规定，行为人因侵害人格权承担消除影响、恢复名誉、赔礼道歉等民事责任的，应当与行为的具体方式和造成的影响范围相当。

消除影响、恢复名誉，是指人民法院根据受害人的请求，责令行为人在一定范围内采取适当方式消除对受害人名誉的不利影响，以使其名誉得到恢复的一种责任方式。例如，在报刊上或者网络上发表文章损害他人名誉权的，应在该报刊或者网站上发表书面声明，对错误内容进行更正。

赔礼道歉，是指行为人通过口头、书面或者其他方式向受害人进行道歉，以取得谅解的一种责任方式。赔礼道歉主要适用于侵害名誉权、荣誉权、隐私权、姓名权、肖像权等人格权的情形。赔礼道歉可以公开或私下、口头或书面的方式进行。

需要注意的是，承担消除影响、恢复名誉、赔礼道歉等民事责任的，应当与行为的具体方式和造成的影响范围相当。

27. 行为人侵权后拒不承担消除影响、恢复名誉、赔礼道歉等民事责任的，该怎么办？

《民法典》第 1000 条第 2 款规定，行为人拒不承担消除影响、恢复名誉、赔礼道歉等民事责任的，人民法院可以采取在报刊、网络等媒体上发布公告或者公布生效裁判文书等方式执行，产生的费用由行为人负担。

如果行为人主动履行了消除影响、恢复名誉、赔礼道歉的民事责任，就不存在执行的问题。如果行为人未履行上述民事责任，人民法院可以采取在报刊、网络等媒体上发布公告或者公布生效裁判文书等方式执行。发布公告，可以是受害人发表谴责公告或者法院发布判决情况的公告。公布裁判文书，可以是全部或摘要公布。另外，鉴于侵害人格权的情形较为复杂，有时发布公告或者公布裁判文书可能会导致后续的损害，因此人民法院对于是否发布公告或者公布生效裁判文书有裁量权。

28. 对自然人身份权的保护可以参照适用人格权编的规定吗？

《民法典》第 1001 条规定，对自然人因婚姻家庭关系等产生的身份权利的保护，适用本法第一编、第五编和其他法律的相关规定；没有规定的，可以根据其性质参照适用本编人格权保护的有关规定。

因婚姻家庭关系等产生的身份权利，是指自然人因婚姻关系产生的身份权利和因家庭关系产生的身份权利。前者是夫妻之间的身份权利。后者是因家庭关系产生的身份权利，如父母对子女的亲权和履行监护职责产生的权利。

对自然人因婚姻家庭关系等产生的身份权利的保护，首先应当适用本法总则编、婚姻家庭编和其他法律的相关规定。例如，《民法典》总则编第 26 条以下关于监护的规定，以及婚姻家庭编的规定，应当优先适用。在没有特别规定时，人格权保护的有关规定可以被参照适用于身份权利的保护。

例如，身份权利受侵害的受害人请求消除影响的，可以参照适用《民法典》第 995 条的规定，消除影响的请求权不适用诉讼时效的规定。

再如，因侵害身份权利而承担消除影响、恢复名誉、赔礼道歉等民事责任的，可以参照适用《民法典》第 1000 条的规定，民事责任应当与行为的具体方式和造成的影响范围相当；行为人拒不承担的，人民法院可以采取在报刊、网络等媒体上发布公告或者公布生效裁判文书等方式执行，产生的费用由行为人负担。

第二章　生命权、身体权和健康权

29. 对自然人的生命权如何保护？

《民法典》第 1002 条规定，自然人享有生命权。自然人的生命安全和生命尊严受法律保护。任何组织或者个人不得侵害他人的生命权。

生命权，是指自然人享有的以维护生命安全和生命尊严为内容的权利。生命权是自然人最为重要的人格权，是其他人格权和其他权利的前提，是从事民事活动和其他一切活动的前提和基础。生命始于出生，终于死亡。

生命权的内容是自然人的生命安全和生命尊严受法律保护。自然人对生命利益享有消极维护权以及在遭受侵害时享有积极防御权，使得自己的生命得以延续。例如，权利人在自己的生命安全受到威胁的时候，有权报警或者请求其他公权力机关保护。再如，在符合法律规定的条件下进行正当防卫、紧急避险、自助行为等自力救济。维护自己的生命尊严，是指自然人有权基于人格尊严，在消极意义上禁止他人侵害自己作为生命主体者的尊严，在积极意义上要求自己作为生命主体者的尊严获得应有的尊重，提升生命的尊严和品质。

任何组织或者个人不得侵害他人的生命权，不能把自然人的生命作为实现其他目的的手段。任何人都不得非法剥夺他人的生命。

30. 对自然人的身体权如何保护?

《民法典》第1003条规定，自然人享有身体权。自然人的身体完整和行动自由受法律保护。任何组织或者个人不得侵害他人的身体权。

身体权，是指自然人享有的以维护身体完整和行动自由为内容的权利。破坏身体完整与行动自由，即构成对身体权的侵害，如打人耳光、剪人头发、打断肢体、泼洒硫酸毁人容颜、强行接吻、医院手术时弄错病人或手术部位等，均构成侵害他人身体权的行为。

31. 对自然人的健康权如何保护?

《民法典》第1004条规定，自然人享有健康权。自然人的身心健康受法律保护。任何组织或者个人不得侵害他人的健康权。

健康权是自然人享有的以维护身心健康为内容的权利。健康是维持人体正常生命活动的基础，健康权是自然人重要的人格权。健康权的内容是维护自己的身心健康。权利人有权采取合法的保护措施排除他人对自己身心健康的侵害，也有权对自己的身心健康在特定范围内进行适当的自主决定。

任何组织或者个人不得侵害他人的健康权。例如，殴打等人身伤害行为，构成对他人健康权的侵害，同时可能构成故意伤害罪。再如，因环境污染、医疗事故、工伤事故、道路交通事故、产品质量缺陷等损害他人的健康权。又如，劳动者在从事劳动过程中发生的职业病也会对其健康权造成损害。

32. 生命权、身体权与健康权有什么区别?

生命权、身体权与健康权的区别是：生命权保护自然人生命的延续，健康权保护身体各组织及整体功能正常，而身体权保护身体组织的完整。当他人侵害自然人的身体已经达到使自然人的组织和功能不正常时，侵害的是自然人的健康权，而非身体权。当他人侵害自然人的身体，但未侵害自然人的组织和功能正常时，侵害的仅是自然人的身体权，而非健康权。例如，剪断他人头发，侵害的是他人的身体权，而非生命权与健康权。

33. 什么是对受害人的法定救助义务?

《民法典》第 1005 条规定，自然人的生命权、身体权、健康权受到侵害或者处于其他危难情形的，负有法定救助义务的组织或者个人应当及时施救。

法定救助义务适用的条件，首先是自然人的生命权、身体权、健康权受到侵害或者处于其他危难情形。其次是特定的组织或者个人负有法定的救助义务。

有些法律对救助义务作出规定。例如，《民法典》第 822 条规定，承运人在运输过程中，应当尽力救助患有急病、分娩、遇险的旅客。根据《民法典》第 942 条第 1 款的规定，物业服务人应当采取合理措施保护业主的人身、财产安全。《民法典》第 1198 条也规定了宾馆、商场、银行、车站、机场、体育场馆、娱乐场所等经营场所、公共场所的经营者、管理者或者群众性活动的组织者的安全保障义务。

再如，《基本医疗卫生与健康促进法》第 27 条第 3 款规定，急救中心（站）不得以未付费为由拒绝或者拖延为急危重症患者提供急救服务。《执业医师法》第 24 条规定，对急危患者，医师应当采取紧急措施进行诊治；不得拒绝急救处置。《医疗机构管理条例》第 31 条规定，医疗机构对危重病人应当立即抢救。对限于设备或者技术条件不能诊治的病人，应当及时转诊。《道路交通安全法》第 70 条第 1 款规定，在道路上发生交通事故，车辆驾驶人应当立即停车，保护现场；造成人身伤亡的，车辆驾驶人应当立即抢救受伤人员，并迅速报告执勤的交通警察或者公安机关交通管理部门。因抢救受伤人员变动现场的，应当标明位置。乘车人、过往车辆驾驶人、过往行人应当予以协助。

34. 自然人如何进行人体捐献?

《民法典》第 1006 条规定，完全民事行为能力人有权依法自主决定无偿捐献其人体细胞、人体组织、人体器官、遗体。任何组织或者个人不得强迫、欺骗、利诱其捐献。

完全民事行为能力人依据前款规定同意捐献的，应当采用书面形式，也可以订立遗嘱。

自然人生前未表示不同意捐献的，该自然人死亡后，其配偶、成年子女、父母可以共同决定捐献，决定捐献应当采用书面形式。

为促进医疗卫生事业的发展，鼓励遗体捐献的善行义举，《民法典》吸收了行政法规的相关规定，确立了器官捐献的基本规则。根据该条规定，自然人享有捐献或者不捐献人体细胞、人体组织、人体器官和遗体的自主决定权。人体捐献的意愿必须合法，不得违反法律规定和违背公序良俗。人体捐献的意愿必须真实自由，任何组织或者个人不得强迫、欺骗、利诱其捐献。只有完全民事行为能力人才有权决定捐献，限制民事行为能力人和无民事行为能力人，不能做出人体捐献的有效同意。同意捐献的表示，应当采用书面形式或者有效的遗嘱形式。

35. 自然人生前未表示不同意人体捐献的，配偶、成年子女、父母可以共同决定捐献吗?

《民法典》第 1006 条第 3 款规定，自然人生前未表示不同意捐献的，该自然人死亡后，其配偶、成年子女、父母可以共同决定捐献，决定捐献应当采用书面形式。

如果自然人生前表示了不同意捐献的意愿，应当尊重自然人的自主决定权，其他任何人，包括配偶、成年子女、父母，都不能在自然人死亡后同意捐献。但是，如果自然人生前未表示不同意捐献，该自然人死亡后，其配偶、成年子女、父母可以共同决定捐献。决定捐献者应具备完全的行为能力。死者没有配偶、成年子女或者父母也已经死亡的，其他近亲属等都不能决定捐献。如果死者的配偶、成年子女和父母中的任何一个人不同意捐献的，都不能捐献。另外，决定捐献应当采用书面形式。

36. 进行人体临床试验要遵守哪些法律规定？

《民法典》第 1008 条第 1 款规定，为研制新药、医疗器械或者发展新的预防和治疗方法，需要进行临床试验的，应当依法经相关主管部门批准并经伦理委员会审查同意，向受试者或者受试者的监护人告知试验目的、用途和可能产生的风险等详细情况，并经其书面同意。

人体临床试验，又称为人体试验，是指任何在病人或健康志愿者等受试者的身体上进行系统性研究，以了解疾病的原因、发展和结果，改进预防、诊断和治疗的干预措施，确定疗效与安全性。人体试验是确保新药、医疗器械或者新的预防和治疗方法有效性和安全性必不可少的环节。但是，人体试验关系到受试者的生命健康、人格尊严，且应符合伦理要求。

进行人体临床试验，应注意以下几点：（1）人体临床试验应当依法经相关主管部门批准并经伦理委员会审查同意。（2）受试者享有是否参加试验的自主决定权，应当允许受试者在任何阶段无条件退出研究。（3）受试者同意参加临床试验的意愿必须真实合法。应当依法告知试验目的、用途和可能产生的风险等详细情况，以使得受试者充分了解后表达同意的意愿。（4）知情同意权由受试者或者受试者的监护人依法行使。（5）知情同意必须是书面形式。

37. 临床试验可以收取费用吗?

《民法典》第 1008 条第 2 款规定，进行临床试验的，不得向受试者收取试验费用。

进行临床试验的，不得向受试者收取试验费用。我国其他法律法规对此也有明确规定。例如，《药物临床试验质量管理规范》第 29 条第 1 款规定，研究者在临床试验过程中，不得向受试者收取试验用药所需的费用。《医疗器械临床试验质量管理规范》第 65 条规定，研究者应当保证将试验用医疗器械只用于该临床试验的受试者，并不得收取任何费用。《干细胞临床研究管理办法（试行）》第 6 条规定，机构不得向受试者收取干细胞临床研究相关费用，不得发布或变相发布干细胞临床研究广告。

38. 从事与人体基因、人体胚胎等有关的医学和科研活动要受到哪些法律限制?

《民法典》第 1009 条规定，从事与人体基因、人体胚胎等有关的医学和科研活动，应当遵守法律、行政法规和国家有关规定，不得危害人体健康，不得违背伦理道德，不得损害公共利益。

为规范与人体基因、人体胚胎等有关的医学和科研活动，《民法典》明确了从事此类活动应遵守的规则。与人体基因有关的医学和科研活动，包括基因鉴定、基因制药、基因诊断、基因治疗、基因编辑、基因克隆等。与人体胚胎有关的医学和科研活动，包括与人体胚胎干细胞等有关的治疗性研究和生殖性研究。与人体基因、人体胚胎等有关的医学和科研活动，对人类的健康水平的提高具有助益的同时，也会带来人体生命健康安全和伦理道德方面的风险。因此，从事上述活动，应当尊重人格尊严，尊重知情同意权，尊重当事人的隐私，并保护相关的个人信息，且受到正当程序等保障。

39. 什么样的行为属于性骚扰?

《民法典》第 1010 条第 1 款规定，违背他人意愿，以言语、文字、图像、肢体行为等方式对他人实施性骚扰的，受害人有权依法请求行为人承担民事责任。

性骚扰行为是对受害人人格权益、人格尊严、人格自由的侵害，会造成受害人抑郁、焦虑、恐惧以及其他健康问题，法律禁止性骚扰的行为。构成性骚扰一般应当符合以下条件：性骚扰中的受害人是自然人；行为与性有关；违背他人意愿；行为一般应当达到一定的严重程度；行为一般具有明确的针对性；行为人主观上一般是故意的。被性骚扰行为侵害的受害人有权依法请求行为人承担民事责任。

40. 单位是否有义务防止、制止性骚扰行为？

《民法典》第1010条第2款规定，机关、企业、学校等单位应当采取合理的预防、受理投诉、调查处置等措施，防止和制止利用职权、从属关系等实施性骚扰。

在实践中，利用职权、从属关系实施性骚扰的情形较多，此种性骚扰既可能发生于工作场所，也可能发生在工作场所之外。例如，利用职务、从属关系以明示或者暗示的方式对他人施加压力，向他人索取性服务，或者以录用、晋升、奖励等利益作为交换条件，诱使他人提供性方面的回报，利用职权、从属关系实施性骚扰。对此，法律规定单位应当采取合理的预防、受理投诉、调查处置等措施，防止和制止利用职权、从属关系等实施性骚扰。单位未尽上述义务的，也要依法承担侵权责任。

41. 非法拘禁或者非法搜查他人身体需要承担什么法律责任?

《民法典》第 1011 条规定，以非法拘禁等方式剥夺、限制他人的行动自由，或者非法搜查他人身体的，受害人有权依法请求行为人承担民事责任。

法律禁止非法剥夺、限制他人行动自由。绑架、非法拘禁、非法强制住院治疗等行为，都构成对他人行动自由的侵害。同时，法律禁止非法搜查他人身体。例如，超市、商场无权因怀疑顾客偷东西而搜查顾客身体。非法搜查他人身体、限制行动自由，侵犯了被搜查者的人格尊严、人格自由。在出现以上情形时，受害人有权请求行为人承担民事责任。如果造成受害人严重精神损害，则受害人有权请求精神损害赔偿。

第三章　姓名权和名称权

42. 什么是姓名权?

《民法典》第 1012 条规定，自然人享有姓名权，有权依法决定、使用、变更或者许可他人使用自己的姓名，但是不得违背公序良俗。

姓名是一个自然人在社会中区别于其他人的标志和符号，将人予以个别化，表现于外，以确定其人的同一性。姓名具有同一性及个别化两种主要功能。通过姓名，自然人得以在与其周围人的关系中维护其人格，并将自己与他人在社会交往中加以区分，从而作为一个独特的个体存在，获得自我认同，实现人格尊严。

姓名权的主体只能是自然人，法人或者非法人组织享有的是名称权而不是姓名权。任何一个自然人自出生之时就享有姓名权，任何组织和个人都无权剥夺自然人这种权利。任何一个自然人都平等地享有姓名权，不因民族、性别、年龄等因素而有差别。

姓名权的内容主要包括以下几个方面：首先，自然人享有姓名决定权与姓名变更权，即自然人有决定和变更自己姓名的权利。其次，自然人有权使用或许可他人使用自己的姓名，即自然人有权在从事各种活动时依法使用自己的姓名以明确自己的身份或者许可他人使用自己的姓名。例如，在申请书、请愿书、合同书等有关文件上签署自己的姓名。再如，自然人有权许可他人使用自己的姓名印制在商品广告上。最后，姓名权的行使不得违背公序良俗。即在实践中，自然人不能滥取姓、乱取名，造成不良的社会影响。

43. 姓名权与署名权有什么区别？

《著作权法》第 10 条第 1 款第 2 项规定，署名权，即表明作者身份，在作品上署名的权利。署名权是著作人身权的核心，昭示作者与作品之间一种自然的、类似于父子血缘关系的密切联系。作者享有署名权，意味着他人必须尊重作者关于是否在自己创作的作品上署名，以及以何种方式署名的决定。

姓名权与署名权的区别是：（1）姓名权是一种具体人格权，不可抛弃、不可转让，它与自然人始终相随。署名权是知识产权，虽然体现了一定的人格利益，但可以转让，可以抛弃。（2）权利的产生时间不同。姓名权与生俱来的，具有普遍性，但署名权并非与生俱来。（3）侵害方式不同。例如，甲为卖个好价钱，将乙创作的作品署上更有名气的丙的姓名，甲侵害了乙的署名权，侵害了丙的姓名权。

44. 什么是名称权？

《民法典》第1013条规定，法人、非法人组织享有名称权，有权依法决定、使用、变更、转让或者许可他人使用自己的名称。

名称是法人或者非法人组织在社会活动中用以代表自己并区别于其他法人或者非法人组织的文字符号和标记。名称权是指法人和非法人组织享有的依法使用、变更、转让或者许可他人使用自己名称的权利。除《民法典》外，我国《公司法》《合伙企业法》《个人独资企业法》《商标法》《反不正当竞争法》等都对名称权的保护作出了规定，而《民法典》主要从名称权作为权利人人格权的角度对其进行确认和保护。名称权的主体是法人与非法人组织。

名称权的内容主要包括以下方面：首先，名称权人享有名称决定与变更权，即有权决定或依法改变自己的名称、选取新的名称的权利。其次，名称权人享有名称使用权，即名称权人有权使用其名称。再次，名称权人享有名称转让权，即将其名称全部让与给某一个受让人，使受让人成为该名称权的主体。最后，名称权人享有名称许可使用权，即名称权人与受让人达成协议，允许他人使用该名称。

45. 自然人行使姓名权要受到哪些限制？

自然人虽享有姓名权，有权依法决定、使用、变更或者许可他人使用自己的姓名，但是自然人行使自己的姓名权不是绝对的，不是没有任何限制的。自然人在决定、使用、变更或者许可他人使用自己的姓名的过程中，不得违反法律、行政法规的相关规定，不得违背公序良俗。实践中，滥取姓、乱取名等违背公序良俗的现象时有发生，造成的社会影响很不好，所以民法典针对这种现象作出了不得违背公序良俗的限制规定。

46. 侵害自然人的姓名权有哪些行为类型?

《民法典》第 1014 条规定，任何组织或者个人不得以干涉、盗用、假冒等方式侵害他人的姓名权或者名称权。

法律规定了三种侵害姓名权的行为类型:（1）无正当理由干涉他人决定、使用、变更或者许可他人使用姓名。例如，干涉养子女的姓名权。养子女在成年以后要求改变自己的姓名，只要符合法律规定，应予准许。（2）盗用他人姓名，即未经他人同意或授权，擅自以他人名义实施有害于他人和社会的行为。例如，盗用他人的姓名领取不合法的收入，在罚款通知单上签上他人的姓名。（3）假冒他人姓名。例如，冒充他人上学、工作，均属侵犯他人姓名权的行为。

47. 侵害法人、非法人组织的名称权有哪些行为类型?

《民法典》第 1014 条规定，任何组织或者个人不得以干涉、盗用、假冒等方式侵害他人的姓名权或者名称权。

法律规定了三种侵害名称权的行为类型:（1）无正当理由干涉他人对名称的决定、使用、变更或者许可他人使用的权利。例如，行为人在转让其名称权后，不正当地限制新权利人对名称的使用。（2）盗用他人名称，即未经名称权人同意或授权，擅自使用他人名称从事违法行为。例如，以其他企业的名称刊登招生广告。（3）假冒他人名称，即未经他人许可冒充他人名称进行民事行为。例如，在自己生产的商品、服务、信函等上面标上其他企业的名称以欺骗公众，使公众误认为是被假冒企业的商品、服务或经营。

48. 自然人如何行使姓名决定权?

《民法典》第 1016 条第 1 款规定，自然人决定、变更姓名，或者法人、非法人组织决定、变更、转让名称的，应当依法向有关机关办理登记手续，但是法律另有规定的除外。

姓名决定权，是指自然人决定自己的姓名的权利。《户口登记条例》第 7 条规定:“婴儿出生后一个月以内，由户主、亲属、抚养人或者邻居向婴儿常住地户口登记机关申报出生登记。弃婴，由收养人或者育婴机关向户口登记机关申报出生登记。”无行为能力的自然人，应由其监护人为其命名，限制民事行为能力的自然人决定自己的姓名应征得其监护人同意。自然人成年并取得完全的行为能力后，有权自主决定自己的姓名，监护人不得妨碍本人行使命名权。

49. 自然人如何行使姓名变更权？

《民法典》第1016条第1款规定，自然人决定、变更姓名，或者法人、非法人组织决定、变更、转让名称的，应当依法向有关机关办理登记手续，但是法律另有规定的除外。

姓名变更权，是指自然人依照规定改变自己姓名的权利，是自然人姓名决定权的自然延伸。自然人在确定姓名以后，可能会出于各种原因而想要改变自己的姓名。例如，当初取名时考虑得不够周密，或姓名带有极强的时代特点等。《户口登记条例》第18条规定，公民变更姓名，依照下列规定办理：（一）未满十八周岁的人需要变更姓名的时候，由本人或者父母、收养人向户口登记机关申请变更登记；（二）十八周岁以上的人需要变更姓名的时候，由本人向户口登记机关申请变更登记。

50. 法人、非法人组织如何转让名称权？

《民法典》第1016条第1款规定，自然人决定、变更姓名，或者法人、非法人组织决定、变更、转让名称的，应当依法向有关机关办理登记手续，但是法律另有规定的除外。

《企业名称登记管理规定》第23条规定，企业名称可以随企业或者企业的一部分一并转让。企业名称只能转让给一户企业。企业名称的转让方与受让方应当签订书面合同或者协议，报原登记主管机关核准。企业名称转让后，转让方不得继续使用已转让的企业名称。因此，名称转让权具有如下特征：

首先，名称权转让具有整体性，名称权只能作为一个整体的权利让与给某一个受让人。其次，与营业转让的同时性，名称应当与营业同时转让。最后，受让主体的唯一性。由于企业名称的唯一性和真实性，因而《企业名称登记管理规定》第 23 条规定，企业名称只能转让给一户企业。

51. 民事主体变更姓名、名称的，变更前实施的民事法律行为对其还有约束力吗？

《民法典》第 1016 条第 2 款规定，民事主体变更姓名、名称的，变更前实施的民事法律行为对其具有法律约束力。

自然人的姓名与法人或者非法人组织的名称，是其人格的文字标识。在姓名或者名称变更后，只是文字标识发生了改变，其所指代的自然人、法人或者非法人组织并未改变，仍为同一主体。民事法律行为的责任主体，不会因为姓名或名称的改变而受到影响。自然人、法人或者非法人组织不得通过变更姓名或者名称逃避责任或债务，损害社会经济秩序。

52. 笔名、艺名、网名、译名、字号、姓名和名称的简称受法律保护吗？

《民法典》第 1017 条规定，具有一定社会知名度，被他人使用足以造成公众混淆的笔名、艺名、网名、译名、字号、姓名和名称的简称等，参照适用姓名权和名称权保护的有关规定。

笔名、艺名、网名、译名、字号、姓名和名称的简称在满足下述条件时，受法律保护：（1）具有一定的知名度，为相关公众所知悉。（2）他人擅自使用该特定名称的行为，足以产生相关公众在指代同一性上的混淆的可能性。法律对此予以保护，一方面是因为艺名、网名、姓名的简称与特定个人的身份、人格尊严具有内在的联系，对他人笔名、艺名、网名等的冒用，以其名义发布信息，会对特定个人的公众形象与声誉等带来损害。另一方面是因为这些特定符号有时具有一定的商业价值，对此予以保护，既有利于防止不诚实的商业行为和不正当竞争行为，也有利于维护社会经济秩序。

第四章　肖像权

53. 什么是肖像？

《民法典》第1018条第2款规定，肖像是通过影像、雕塑、绘画等方式在一定载体上所反映的特定自然人可以被识别的外部形象。

肖像是个人的外部形象，彰显个人的特征，与人之尊严具有极为密切的关系。根据本项规定，作为肖像权客体的肖像，应当符合以下条件：（1）须通过影像、雕塑、绘画等方式，对自然人全部或者部分外部形象的视觉再现。自然人的外部形象，不限于面部形象。例如，某人特有的肢体动作、背影等，如果为相关公众所知悉，能够对外展现个人的形象，也受到法律保护。（2）须固定在一定载体上。肖像必须要脱离肖像人且固定在一定的物质载体上，才能够为人力所支配，可以由肖像权人独立地使用或许可他人使用，并体现出一定的财产价值。（3）具有可识别性。即社会一般公众能够识别出其为某特定自然人的外部形象。

54. 自然人的肖像权具有哪些内容？

《民法典》第1018条第1款规定，自然人享有肖像权，有权依法制作、使用、公开或者许可他人使用自己的肖像。

根据该规定，肖像权的主体是自然人，法人与非法人组织不享有肖像权。肖像权人享有以下权能：（1）肖像制作权。肖像制作权又称为形象再现权，自然人根据自己的合法需要，有权由自己或许可他人通过造型艺术及其他形式再现自己的形象。例如，未经本人同意不得为他人摄影、作画、写生以及从事其他肖像制作活动。（2）肖像使用与许可使用权。肖像权人有权通过使用或许可他人使用自己的肖像获取一定的利益。例如，明星可以通过许可企业使用自己的肖像制作广告。（3）肖像公开权，是指决定是否将制作的肖像公之于众的权利。

需要注意的是，肖像权人行使权利，也应当符合法律，不得违背公序良俗。例如，不得将其肖像用于制作淫秽图片并加以传播。

55. 肖像权与名誉权有什么联系和区别？

侵害个人的肖像权也可能导致对个人名誉权的侵害。例如，未经他人同意，以违背公序良俗的方法恶意使用他人肖像，这可能导致他人社会评价的降低，同时侵害他人的肖像权和名誉权。再如，恶意丑化、玷污、毁损他人的肖像。焚烧、撕扯、倒挂他人的肖像，降低了公众对其良好的社会评价，该行为同时侵害了他人的肖像权和名誉权。又如，未经他人同意公开他人的不雅照片或将他人的肖像用于有损其形象的广告，或者将他人的形象拼接于色情图片中等。

但是，肖像权与名誉权也存在区别，主要体现在：(1) 主体不同。名誉权的主体既包括自然人，也包括法人，而肖像权的主体仅限于自然人。(2) 客体不同。名誉权的客体是名誉，是对权利人的一种社会评价；肖像权的客体则是反映个人外部形象的肖像。(3) 内容不同。肖像可以使用，权利人可以通过自己行使肖像权或授权他人使用肖像而获取经济利益。但名誉本身只是一种社会评价，不能被实际使用。

56. 侵害他人肖像权的行为都有哪些？

《民法典》第 1019 条第 1 款规定，任何组织或者个人不得以丑化、污损，或者利用信息技术手段伪造等方式侵害他人的肖像权。未经肖像权人同意，不得制作、使用、公开肖像权人的肖像，但是法律另有规定的除外。

根据法律规定，侵害他人肖像权的行为有：(1) 丑化、污损他人肖像。例如，焚烧、撕扯、倒挂他人的肖像。(2) 利用信息技术手段伪造他人肖像。(3) 除法律另有规定的外，未经权利人同意，制作、使用、公开肖像权人的肖像。例如，不得通过造型艺术及其他形式再现他人形象，不得未经他人许可使用他人肖像制作广告。

57. 可以利用“AI 换脸”技术手段伪造他人肖像吗？

《民法典》第 1019 条第 1 款规定，任何组织或者个人不得以丑化、污损，或者利用信息技术手段伪造等方式侵害他人的肖像权。未经肖像权人同意，不得制作、使用、公开肖像权人的肖像，但是法律另有规定的除外。

互联网、大数据、人工智能、深度学习等高科技在不断提升人们生活幸福感的同时，也带来了肖像权侵权的挑战。“AI 换脸”可以随意替换视频角色面部，利用信息技术手段“深度伪造”他人的肖像，不仅侵害自然人的人格权益，还可能造成恶劣的社会影响，危害国家安全和社会公共利益。《民法典》对深度伪造技术带来的“换脸”问题作出了规定，任何组织或者个人不得以利用信息技术手段伪造等方式侵害他人的肖像权。

58. 肖像作品权利人可以使用或者公开肖像权人的肖像吗？

《民法典》第 1019 条第 2 款规定，未经肖像权人同意，肖像作品权利人不得以发表、复制、发行、出租、展览等方式使用或者公开肖像权人的肖像。

《著作权法》第 17 条规定，受委托创作的作品，著作权的归属由委托人和受托人通过合同约定。合同未作明确约定或者没有订立合同的，著作权属于受托人。因此，在照相馆拍摄的照片实际上是被拍摄者委托摄影师为其创作的摄影作品，如果双方没有约定著作权的归属，则著作权应当由作为受托人的摄影师享有。但是，著作权人行使著作权时须顾及肖像权人享有的权利。根据《民法典》第 1019 条第 2 款的规定，未经肖像权人同意，肖像作品权利人不得以发表、复制、发行、出租、展览等方式使用或者公开肖像权人的肖像。例如，甲委托乙影楼拍摄婚纱照，未约定著作权归属，属于委托作品，婚纱照的著作权归乙享有。但是，若乙未经甲允许，使用该照片做广告，会侵犯甲的肖像权。

59. 可以个人学习、艺术欣赏、课堂教学或者科学研究为目的合理使用他人肖像吗?

《民法典》第 1020 条第 1 项规定，合理实施下列行为的，为个人学习、艺术欣赏、课堂教学或者科学研究，在必要范围内使用肖像权人已经公开的肖像，可以不经肖像权人同意。

权利人的人格权应当与他人表达自由、社会的公共利益相平衡。另外，实践中诸多社会活动都需要利用肖像，若凡是利用公民肖像都要经过本人同意，必定会给正常的社会生活造成诸多不便，极大地提高社会运行成本。因此，法律对肖像权作出了限制。根据上述规定，如果肖像权人的肖像已经公开，出于“个人学习、艺术欣赏、课堂教学或者科学研究”的目的，可以在“必要范围”内使用。例如，医学院教师在课堂上，在必要范围内使用病患在网络上已公开的肖像用作疾病说明，不需要经过肖像权人的同意。

60. 在实施新闻报道时可以合理使用他人肖像吗？

《民法典》第1020条第2项规定，合理实施下列行为的，为实施新闻报道，不可避免地制作、使用、公开肖像权人的肖像，可以不经肖像权人同意。

新闻媒体实施新闻报道关涉公共利益，经常需要使用与报道相关的当事人的肖像，许多事件本身是通过现场拍摄来报道的，如果不能利用肖像，则新闻报道无法进行。新闻报道一般不会对当事人的人格利益造成损害，人格尊严也不会因此贬损。根据上述规定，新闻媒体实施新闻报道，在“不可避免”的情形下，可以不经肖像权人同意制作、使用、公开其肖像。例如，电视台在对社会突发事件进行实况直播时，不可避免地会制作、使用、公开镜头内的人物的肖像。再如，电视台将甲参与嫌疑人混合指认的画面在新闻中播放，在明知甲非真正嫌疑人的情况下，未经处理而呈现甲的肖像，就不构成合理使用。

61. 国家机关为依法履行职责可以合理使用他人肖像吗？

《民法典》第1020条第3项规定，合理实施下列行为的，为依法履行职责，国家机关在必要范围内制作、使用、公开肖像权人的肖像，可以不经肖像权人同意。

国家机关依法履行职责体现了国家和社会公共利益，应当优先于肖像权人的利益保护。例如，公安机关拍摄正在超速行驶的驾车人、在通缉令上印上犯罪嫌疑人的照片、司法机关在诉讼活动中使用当事人的肖像作为证据等，均不构成对肖像权的侵犯，无须经过肖像权人的同意。国家机关从事这些活动时必须是为了依法履行职责的需要。如果并非履行职责，或履行职责不合法，则仍构成对肖像权人的侵害。

62. 为展示特定公共环境可以合理使用他人肖像吗？

《民法典》第 1020 条第 4 项规定，合理实施下列行为的，为展示特定公共环境，不可避免地制作、使用、公开肖像权人的肖像，可以不经肖像权人同意。

拍摄风景或其他公共环境时，难免偶然有“人物”入镜，如果事先一一征得他人许可，存在困难。自然人出现在公共场所中，其应当认识到自己有被摄录的可能，且其进入公共环境，可视为对他人摄录包含自己的照片、视频的允许，对自己的肖像权益的处分。因此在利益衡量上，法律规定为展示特定公共环境，不可避免地制作、使用、公开肖像权人的肖像，可以不经过肖像权人的同意。例如，如果某人出现在公共场所，参加集会游行、庆典、观看体育比赛等，他人未经本人同意而拍摄公共环境的场景，如果涉及某人的肖像，但该人物的肖像在场景中并不突出，则属于对于肖像权的合理使用。但是，如果并非在公共环境中，或是为了展示特定个人而非公共环境，则不构成对肖像权的合理使用。

63. 为维护公共利益或者肖像权人合法权益，可以合理使用他人肖像吗？

《民法典》第1020条第5项规定，合理实施下列行为的，为维护公共利益或者肖像权人合法权益，制作、使用、公开肖像权人的肖像的其他行为，可以不经肖像权人同意。

在此情形下，制作、使用、公开者是为了肖像权人自身利益而使用肖像权人之肖像，主观上多为善意，可以不经肖像权人的同意实施制作、使用、公开肖像的行为。例如，个人离家不归、杳无音信，家属和有关组织在报纸和公共场所刊登载有其肖像的寻人启事等。使用肖像的行为必须是为了肖像权人的自身利益，否则不构成合理使用。例如，甲与乙有经济纠纷，甲在社区散发载有乙肖像的寻人启事，这种制作、使用、公开的行为并非为了肖像权的利益，不构成合理使用，侵犯了肖像权人的肖像权。

此外，法律还规定了为维护公共利益，制作、使用、公开肖像权人肖像，可以不经肖像权人同意，这是关于公共利益的兜底条款。

64. 对肖像权许可使用合同的争议条款应当如何解释？

《民法典》第1021条规定，当事人对肖像许可使用合同中关于肖像使用条款的理解有争议的，应当作出有利于肖像权人的解释。

《民法典》第 142 条、第 466 条分别对意思表示的解释与合同的解释规则作出了规定。在肖像权商业化利用中，肖像权人与被许可人订立肖像许可使用合同，当事人可能对于合同条款的理解存在争议。由于肖像权许可是对人格的商业化利用，牵涉人格尊严，肖像权人的人格利益相较于被许可人的利益更值得被维护，因此民法典对此特别规定。在肖像许可使用合同中，如果对合同条款存在两种以上解释可能的，应当作出有利于肖像权人的解释。

65. 不定期肖像许可使用合同能否随时解除？

《民法典》第 1022 条第 1 款规定，当事人对肖像许可使用期限没有约定或者约定不明确的，任何一方当事人可以随时解除肖像许可使用合同，但是应当在合理期限之前通知对方。

在不定期继续性合同中，为了避免当事人无限期地受到合同约束，任何人都不能根据合同被另一个人永久地拘束，防止逸出个人自主决定的范围，法律赋予双方任意解除权。因此，《民法典》第 563 条第 2 款规定，以持续履行的债务为内容的不定期合同，当事人可以随时解除合同，但是应当在合理期限之前通知对方。在不定期肖像许可使用合同中，《民法典》第 1022 条第 1 款作出了相同的规定。根据本条规定，当事人在合理期限之前通知对方的，可以随时解除肖像许可使用合同。关于合理期限，当事人有约定的，按照约定。没有约定的，合理期限的确定可以考虑当事人之间合作时间和合同关系已持续时间的长短、对方当事人为履行合同所付出的努力和投资、寻找新的合同对方可能需要的时间、双方履行的时间间隔等。

66. 定期的肖像许可使用合同在有正当理由时可否解除?

《民法典》第 1022 条第 2 款规定，当事人对肖像许可使用期限有明确约定，肖像权人有正当理由的，可以解除肖像许可使用合同，但是应当在合理期限之前通知对方。因解除合同造成对方损失的，除不可归责于肖像权人的事由外，应当赔偿损失。

肖像许可使用合同属于继续性合同，肖像权人将肖像于一定时间范围内许可给他人使用。在继续性合同中，当事人间的信赖关系特别重要。信赖基础一旦动摇时，不应强求当事人仍然严守合同。如果已经无法期待当事人继续维持合同关系，解除权可以使得当事人摆脱信赖丧失的困境。因此，民法典规定在定期肖像许可使用合同中，肖像权人如有正当理由，可以解除合同。自解除合同时起，被许可人不再享有肖像使用权，也不负有支付许可费用的义务。与不定期肖像权许可使用合同相同，解除合同应当在合理期限之前通知对方。如果解除合同是因可归责于肖像权人的事由，则肖像权人还应赔偿对方损失。例如，某明星将其肖像许可给一家公司做广告，但随后该公司生产的产品具有产品质量问题，该明星可以解除肖像权许可合同。因信赖关系的丧失，不可归责于该明星，而是应归责于产品存在质量问题的公司，所以肖像权人无须赔偿对方损失。

67. 自然人的姓名许可使用合同应适用什么法律?

《民法典》第 1023 条第 1 款规定，对姓名等的许可使用，参照适用肖像许可使用的有关规定。

与肖像类似，自然人的姓名也具有商业利用的价值，姓名权人可以将自己的姓名许可给他人使用。例如，商业代言广告中，明星通常也会将姓名许可给他人使用。根据上述规定，对姓名的许可使用，参照适用肖像许可使用的有关规定。因此，当事人对姓名许可使用合同中关于姓名使用条款的理解有争议的，应当作出有利于姓名权人的解释。当事人对姓名许可使用期限没有约定或者约定不明确的，任何一方当事人都可以随时解除姓名许可使用合同，但是应当在合理期限之前通知对方。当事人对姓名许可使用期限有明确约定，姓名权人有正当理由的，可以解除姓名许可使用合同，但是应当在合理期限之前通知对方。因解除合同造成对方损失的，除不可归责于姓名权人的事由外，应当赔偿损失。

68. 自然人的声音受法律保护吗?

《民法典》第 1023 条第 2 款规定，对自然人声音的保护，参照适用肖像权保护的有关规定。.

声音作为一种人格标识，具有表征个人、许可他人使用的功能。在现代社会，随着信息技术的发展，复制、传播、模仿个人声音的方式日益多样化，声音利益受到侵害的问题也越来越突出。这既可能侵害个人的人格利益，也可能对个人的声誉造成毁灭性的损害。有鉴于此，民法典规定，对自然人声音的保护，参照适用肖像权保护的有关规定。因此，丑化或者利用信息技术手段伪造他人声音，或未经权利人同意，制作、使用、公开他人声音，均可能构成对他人声音利益的侵害。例如，将某人的声音分解并和他人的形象合成，或模仿他人的声音进行表演等，均侵害了他人的声音利益。

第五章 名誉权和荣誉权

69. 什么是名誉权？

《民法典》第 1024 条第 1 款规定，民事主体享有名誉权。任何组织或者个人不得以侮辱、诽谤等方式侵害他人的名誉权。

名誉权的客体是名誉。名誉是对民事主体的品德、声望、才能、信用等的社会评价。名誉作为一种社会评价，因主体性质的不同而有区别。自然人的名誉，是社会对其的品行、思想、道德、生活、作用、才干、信用等方面的社会评价。但法人、非法人组织作为组织体，无法享有品行、思想、才干等专属于自然人的名誉。因此，法人、非法人组织的名誉侧重于经济活动、生产经营成果等方面的社会评价。法人、非法人组织的名誉是在其的社会经济活动中逐渐形成的，是社会对有关其商业或职业道德、资信、商品质量或服务质量等方面的社会评价。

70. 自然人的名誉权与法人、非法人组织的名誉权有什么区别？

自然人与法人、非法人组织的名誉虽然都属于社会评价，但两者的名誉权存在以下差别：

（1）名誉的内容不同。自然人的名誉主要是对品行、思想、道德、生活、作用、才干、信用等方面的社会评价，是其人格尊严和人格自由的体现。法人、非法人组织的名誉则是有关其商业或职业道德、资信、商品质量或服务质量等方面的社会评价，不涉及人格尊严与人格自由。

（2）侵害方式不同。对自然人名誉权的侵害可能采取暴力方式贬低他人人格，但对法人名誉权的侵害一般不会出现暴力侮辱等方式。

（3）损害后果不同。侵害法人名誉权的后果是财产损害，不产生精神损害的问题，而自然人可能因名誉权受损而产生精神损害。

71. 什么是侮辱行为？

《民法典》第 1024 条第 1 款规定，民事主体享有名誉权。任何组织或者个人不得以侮辱、诽谤等方式侵害他人的名誉权。

侮辱是指故意以暴力或其他方式贬低他人人格，毁损他人名誉。具体而言，侮辱行为可能包括以下类型：（1）暴力行为，即施以暴力或以暴力相威胁。例如，往他人脸上吐唾沫，往他人身上泼粪便，无理驱逐他人，剥光他人衣服，强令他人从胯下爬过去等。（2）语言侮辱，即对他人进行嘲笑、辱骂。例如，在评论他人作品时，多次使用“欺世盗名”“编史造假”“信口雌黄”“随意编造”“无耻之徒”等刻薄词句，这超出了一般学术批评的范围。（3）文字侮辱，即通过书写文字、图形等方式对他人进行侮辱。例如，书写和张贴丑化他人、侮辱他人人格的大字报。

72. 什么是诽谤行为?

《民法典》第 1024 条第 1 款规定，民事主体享有名誉权。任何组织或者个人不得以侮辱、诽谤等方式侵害他人的名誉权。

诽谤是指以书面、口头等方式捏造事实公然丑化他人人格的行为。例如，经营者捏造事实，损害竞争对手商誉，并将该虚假事实通过新闻链接的方式在其官方微博转载，构成名誉权侵权。

诽谤与侮辱的区别是，侮辱既可以以语言，也可以以行为方式实施，但诽谤是以语言的方式实施，体现为捏造事实、无中生有。侮辱主要针对受害人实施，诽谤一般是将有损受害人名誉的言论向第三人传播。行为人侮辱他人时主观上都是故意的，而诽谤有可能出于过失。

诽谤行为具有如下特点:（1）行为人陈述的事实是虚假的。如果行为人散布他人真实的负面消息，并造成他人社会评价降低，则一般不构成侵害名誉权，但有可能构成侵害他人的隐私权。（2）通常以语言、文字、漫画或其他方式进行。诽谤按表现形式的不同可分为口头诽谤与书面诽谤，也可依行为方式的不同分为直接诽谤和影射。直接诽谤，是指通过语言文字等方式点名道姓地诽谤特定人。影射，是指以间接方法，借着字里行间的含义使他人名誉受到贬损。（3）诽谤的行为会导致受害人社会评价降低。

73. 行为人实施新闻报道、舆论监督等行为，如果影响他人名誉，要承担民事责任吗？

《民法典》第 1025 条规定，行为人为公共利益实施新闻报道、舆论监督等行为，影响他人名誉的，不承担民事责任，但是有下列情形之一的除外：

（一）捏造、歪曲事实；

（二）对他人提供的严重失实内容未尽到合理核实义务；

（三）使用侮辱性言辞等贬损他人名誉。

新闻报道、舆论监督有助于保障人民的知情权。但新闻报道、舆论监督具有时效性、实时性，因此难免存在瑕疵。为合理平衡其与个人名誉权之间的关系，民法典规定，行为人为公共利益实施新闻报道、舆论监督等行为，影响他人名誉的，原则上不承担民事责任。例如，新闻媒体对生产者、经营者、销售者的产品质量或者服务质量进行批评、评论，内容基本属实，不构成侵害其名誉权。

但是，法律规定了三种例外构成名誉权侵权的情形：（1）捏造、歪曲事实。例如，娱乐媒体无中生有，捏造某明星出轨的消息，侵犯了该明星的名誉权。再如，行为人缺乏基本事实依据，发微博诽谤某大学，超出言论自由与批评监督权范围，侵犯了该大学的名誉权。（2）对他人提供的严重失实内容未尽到合理核实义务。实施新闻报道和舆论监督的人，应当对其消息来源的真伪和可靠程度进一步核实，对严重失实内容未尽合理核实义务的，构成侵害他人名誉权。（3）使用侮辱性言辞等贬损他人名誉。例如，报纸在进行时事与人物评论时，对他人进行语言侮辱，构成侵害他人名誉权。

74. 如何判断新闻报道、舆论监督对他人提供的严重失实内容是否尽到了合理核实义务？

新闻报道与舆论监督应当应根据必要的事实，对所依据的事实基础负有合理核实义务，以保证事实基础的真实与准确。根据《民法典》第 1026 条的规定，认定行为人是否尽到合理核实义务，应当考虑以下因素：

（1）内容来源的可信度。消息来源权威，行为人引用已经公开的报道，则倾向于认为其尽到了合理核实义务。例如，法律法规、规章以及其他规范性文件所表达的内容。再如，各级党政机关供新闻单位发表的以及其职权范围内发布的各种报道，如国家机关在其记者招待会、情况汇报、蓝皮书等文件中所载明的事实。又如，各政党、社会团体、企事业单位就其职责范围的情况提供新闻单位发表的材料，公民、法人关于自身活动供新闻单位发表的材料等。

（2）对明显可能引发争议的内容是否进行了必要的调查。如果他人提供的内容明显可能引发争议，则行为人有理由预见自己的行为可能引发的严重后果，应对该事实展开调查，因此行为人负担相对较高的核实义务。

（3）内容的时限性。如果新闻报道和舆论监督的对象属于重大突发事件，为了保障公民的知情权，不应期待行为人进行过分详细的调查。但如果该事件发生已久，新闻报道和舆论监督已无时限性，则仍应负担一般的合理核实的义务。因此，如果内容具有时限性，则行为人负担相对较低的核实义务。

（4）内容与公序良俗的关联性。若某些事实与公共利益密切相关，则行为人负担相对较低的核实义务。

（5）受害人名誉受贬损的可能性。如果新闻报道和舆论监督将可能严重损害受害人的名誉，则行为人应当对其内容进行更为严格的审核。

（6）核实能力和核实成本。如果报道人付出极小的成本即可对报道内容的真实性进行核实，则其应当尽到相应的核实义务；反之，若核实成本较高，则其核实义务应当相应降低。

75. 以真人真事或者特定人为描述对象的文学、艺术作品，含侮辱、诽谤内容的，构成侵害名誉权吗？

《民法典》第1027条第1款规定，行为人发表的文学、艺术作品以真人真事或者特定人为描述对象，含有侮辱、诽谤内容，侵害他人名誉权的，受害人有权依法请求该行为人承担民事责任。

权利人的名誉权应当与文学艺术作品者的创作、表达自由相平衡。行为人发表的文学、艺术作品以真人真事或者特定人为描述对象时，如果含有侮辱、诽谤内容，构成名誉权侵权。作者在创作过程中，涉及对具体人物言行、事件经过的描写、议论均应本着对当事人负责的态度，客观、公正地进行，对取得的创作素材应认真核实，深入调查，小心求证，尽可能还原事实真相。

例如，某纪实文学作品综合网络言论和媒体报道内容，呈现了某企业家族股权及公司控制权争端始末。作品内容描写到某人“拘禁员工”“殴打高管”“盗窃公章”“暴力夺权”“抢夺公司”等内容。如果涉事当事人就涉案事件已经报警处理，公安机关亦介入调查，在司法机关未对有关事实作出认定的情况下，作者就不得自行对相关事件作出定性。另外，作者对于对网络言论和媒体报道内容的真实性，亦应详细调查、分析真伪。

76. 不以特定人为描述对象的文学、艺术作品，是否会侵害他人名誉权？

《民法典》第 1027 条第 2 款规定，行为人发表的文学、艺术作品不以特定人为描述对象，仅其中的情节与该特定人的情况相似的，不承担民事责任。

文学、艺术作品依托于现实，但同时具有虚构性，此一特性成为相对人名誉权受侵害的主要风险之一。例如，小说是一种根植于现实社会生活、经作者创作活动而形成的一种文学作品，其中有些情节会与现实生活相同或相似，这在小说和其他许多文学、文艺作品中均是不可避免的客观现实。当行为人发表的文学、艺术作品并非以特定人为描述对象，而仅其中的情节与该特定人的情况相似时，应当倾斜保护作者的创作自由，行为人对此不承担民事责任。

例如，甲在小说中写到“张庭长”收礼等事，现实中张某曾担任该小说作者代理案件的审判长，且与小说中“张庭长”职务、家住五楼信息均相符。在本例中，该小说并非以特定人为描述对象，纵使小说中的张某与现实中的张某有相同或近似处，但姓氏、职务、楼层均具有相当广泛的指向，不能排除其他人而就是特指张某。因此，甲不构成侵犯张某的名誉权。

77. 媒体报道内容失实、侵害他人名誉权，应当如何处理?

《民法典》第 1028 条规定，民事主体有证据证明报刊、网络等媒体报道的内容失实，侵害其名誉权的，有权请求该媒体及时采取更正或者删除等必要措施。

这样规定的目的在于及时制止侵害行为，减少对受害人权益的损害。《出版管理条例》也规定，对媒体报道内容失实而侵害他人名誉权的，受害人有权要求媒体及时更正、删除该不实报道。新闻报道具有时效性，如果在受害人请求更正不实报道后，媒体及时作出更正，将可以最低限度地减少对人格权的侵害，减轻不实报道对社会公众评价的影响。因此，如果报刊、网络等媒体报道的内容失实，侵害他人名誉权，受害人有权请求该媒体及时采取更正或者删除等必要措施。例如，新闻媒体报道某人涉嫌犯罪，但其后该人被法院宣判无罪，新闻媒体拒绝更正报道的，构成名誉侵权，受害人有权请求媒体更正或删除报道。

78. 民事主体可以查询自己的信用评价吗？信用评价错误可不可以要求更正或删除？

《民法典》第 1029 条规定，民事主体可以依法查询自己的信用评价；发现信用评价不当的，有权提出异议并请求采取更正、删除等必要措施。信用评价人应当及时核查，经核查属实的，应当及时采取必要措施。

信用是民事主体在社会中应受的经济能力上的评价。信用不是从道德、伦理、品行、德行、社会地位等方面作出的评价，而主要是从经济活动的角度对民事主体的偿债能力、诚实信用等方面的评价。一个具有良好征信记录的人，就具有更大的经济活动空间，能够赢得人们更多的信赖，其不仅可能获得巨额贷款，也可能为他人提供担保，在交易中也易取得他人的信任。个人信用信息包括个人基本信息、个人信贷交易信息以及反映个人信用状况的其他信息。在当今社会，信用评价对权利人影响重大。因此，法律赋予民事主体查询自己信用评价的权利。如果信用评价不当，权利人有权向信用评价人提出异议并请求采取更正、删除等必要措施。信用评价人应当及时核查，经核查属实的，应当及时采取必要措施。

79. 民事主体与征信机构等信用信息处理者之间的关系，适用什么法律规定？

《民法典》第1030条规定，民事主体与征信机构等信用信息处理者之间的关系，适用本编有关个人信息保护的规定和其他法律、行政法规的有关规定。

由于信用信息属于个人信息，在民事主体与信用信息处理者之间会发生关于个人信息的处理等方面的法律关系，其应适用人格权编有关个人信息保护的规定和其他法律、行政法规的有关规定。例如，处理个人信息的，应当遵循合法、正当、必要原则，不得过度处理。自然人的财产状况、债务信息、资金流水、消费信息等，属于个人信息，处理者实施不法处理个人信用信息的行为，可能构成对个人信息权益的侵害。信息处理者不得泄露或者篡改其收集、存储的信用信息；未经自然人同意，不得向他人非法提供其信用信息，但是经过加工无法识别特定个人且不能复原的除外。

80. 什么是荣誉权？

《民法典》第1031条规定，民事主体享有荣誉权。任何组织或者个人不得非法剥夺他人的荣誉称号，不得诋毁、贬损他人的荣誉。获得的荣誉称号应当记载而没有记载的，民事主体可以请求记载；获得的荣誉称号记载错误的，民事主体可以请求更正。

所谓荣誉权，是指自然人、法人和非法人组织对其获得的荣誉及其利益所享有的保持、自主决定的权利。侵害荣誉权的行为主要有以下几种：（1）非法剥夺他人的荣誉称号，即非由相应行政机构或社会团体依荣誉取消的特定程序加以剥夺。例如，非法剥夺“劳动模范”和“先进工作者”等称号，或非法剥夺法人的“先进企业”称号。（2）诋毁、贬损他人荣誉。例如，以诽谤的方式否定荣誉权人取得该荣誉的资格，对荣誉权人获得的荣誉实施侮辱行为。（3）获得的荣誉称号应当记载而没有记载或记载错误的，权利人有权请求记载或更正。

81. 荣誉权与名誉权有什么区别?

对荣誉权的侵害将可能导致主体的名誉毁损。例如，无正当理由非法剥夺他人荣誉称号，将会影响到社会公众对该公民和法人的社会评价。

但是，荣誉权与名誉权又存在如下区别：（1）名誉权是典型的人格权，是主体对其品行、能力等方面的良好社会评价所享有的权利。但荣誉不是社会给予每个自然人和法人的社会评价，而是国家和社会组织等给予特定自然人或法人的一种特殊的美名或称号。（2）荣誉权是权利主体根据自己的劳动和贡献，并经国家机关或社会组织授予而取得。而名誉权自出生或成立即享有、不需要主体作出一定的行为即可取得。

第六章　隐私权和个人信息保护

82. 什么是隐私？法律如何保护隐私权？

《民法典》第1032条规定，自然人享有隐私权。任何组织或者个人不得以刺探、侵扰、泄露、公开等方式侵害他人的隐私权。隐私是自然人的私人生活安宁和不愿为他人知晓的私密空间、私密活动、私密信息。

隐私权的主体是自然人，法人与非法人组织不享有隐私权。根据上述法律规定，隐私包括以下几个方面：

第一，私人生活安宁，即自然人可以排除他人对自己生活安定和宁静的不当打扰和妨碍的权利。私人生活安宁主要包括以下内容：（1）日常生活安宁，即个人对自己的正常生活具有不受他人打扰的权利。法律禁止非法跟踪他人、骚扰他人。（2）住宅安宁，即个人的住宅不受他人打扰。例如，任何人不得经常无故敲门或者在室外半夜喧哗等。（3）通信安宁，即个人通信不受他人打扰的状态。例如，不得向他人发送垃圾短信、进行电话骚扰。

第二，不愿为他人知晓的私密空间，即不愿为他人知晓的私人支配的空间场所。私密空间包括住宅等物理空间以及网络虚拟空间。例如，不得擅自闯入私人所有的、合法占有的房屋，不得非法对个人空间进行搜索、搜查、窃听。

第三，不愿为他人知晓的私密活动，即不愿为他人知晓的个人的、与公共利益无关的私密活动。例如，日常生活、谈话、婚姻、恋爱、交友经历等。

第四，不愿为他人知晓的私密信息，即私人不愿意公开的信息。例如，个人的身高、体重、血型、基因等生理信息，疾病、病历资料等健康隐私。再如，财产隐私、家庭隐私、私人谈话、私人日记等。

任何组织或者个人不得以刺探、侵扰、泄露、公开等方式侵害他人的隐私权。

83. 隐私权具有什么价值？为什么要保护隐私权？

隐私权具有如下方面的价值：

（1）隐私权的价值在于个人自由和尊严的本质，体现于个人自主，不受他人的操纵及支配。对个人内心领域的侵入构成对其自我存在的严重危害。一个人若可以被任意监视，窃听或干涉，将无法对自己事物保有最终决定的权利，势必听命于他人，不再是自己的主宰，丧失其作为独立个体的地位。因此，保护隐私权有助于维护人格尊严与人格独立。

（2）隐私具有情感释放的价值。社会生活产生紧张和压力，片刻的幽静、孤独或松弛，有助于确保身心健康。个人受制于来自其扮演各种社会角色的压力，需要有一定的时间及空间，得以自我释放，逃脱公众的注视，得有机会卸下面具，以真实自处。法律的根本目的是为了人，实现个人的幸福。私生活的安宁、不受打扰，是个人幸福生活的一项重要内容。

（3）隐私有助于自我评估，使个人得以回想以往的经验，规划未来，检讨旧的思维而有所创新。此种自我评估，给予个人有适当时间决定是否或何时将个人的思想、感情公之于世。

（4）隐私使个人得以在拥挤的生活环境中享有一个有限度与受保护的沟通，即个人可以自由与其认为值得信赖之人分享私密，相信其私下所透露的事物将不会被公开。例如，朋友间、夫妻间、律师与当事人间、医师与病人间的沟通内容，非经权利人同意，不得对外公开。

84. 可以向他人发送垃圾短信、拨打骚扰电话吗？

《民法典》第 1033 条第 1 项规定，除法律另有规定或者权利人明确同意外，任何组织或者个人不得实施下列行为：（一）以电话、短信、即时通讯工具、电子邮件、传单等方式侵扰他人的私人生活安宁。

随着信息技术和电话、手机等通信设备的发展，许多商家利用新型的信息技术进行频繁的广告推销。例如，通过群发电子邮件、手机短信等方式，不加选择地向人们大量传播“垃圾信息”，利用获取的个人信息频繁向他人打电话推销保险，或者实施电话诈骗行为，向他人房屋、汽车内投递传单，人民生活不堪其扰。再如，甲与乙曾以男女朋友身份交往，甲在知悉乙结婚之后，心生不满，经常以电话追问乙夫妻感情状况与交往过程，并时常以电话向乙的家人、同事及邻居指述其与乙交往的对话、亲密关系等，也构成侵害私生活安宁。有鉴于此，法律对于此等方式侵害他人私人生活安宁，作出特别规定，禁止以电话、短信、即时通讯工具、电子邮件、传单等方式侵扰他人的私人生活安宁。

85. 可以进入、拍摄、窥视他人的住宅、宾馆房间等私密空间吗？

《民法典》第 1033 条第 2 项规定，除法律另有规定或者权利人明确同意外，任何组织或者个人不得实施下列行为：（二）进入、拍摄、窥视他人的住宅、宾馆房间等私密空间。

宾馆房间被摄像头偷拍，侵害隐私权，是受到普遍关注的社会问题。针孔摄像头大多安装在路由器、时钟、水杯等物品内，被安装在家庭、宾馆，甚至办公场所等。非法生产、销售、使用联网型针孔摄像头，拍摄宾馆房间视频然后进行贩卖，甚至已经形成了庞大的黑色产业。有鉴于此，《民法典》对此作出明确规定，除权利人明确同意外，任何组织或者个人不得进入、拍摄、窥视他人的住宅、宾馆房间等私密空间。所谓窥视，是指非经他人允许，窥视他人私人空间，包括窥视他人私人住宅、宾馆等私密性的空间。进入、拍摄、窥视他人的私密空间，均属侵犯隐私权的行为。

86. 可以拍摄、窥视、窃听、公开他人的私密活动吗?

《民法典》第 1033 条第 3 项规定，除法律另有规定或者权利人明确同意外，任何组织或者个人不得实施下列行为:（三）拍摄、窥视、窃听、公开他人的私密活动。

私密活动是指个人的、与公共利益无关的私密活动。法律禁止拍摄、窥视、窃听、公开他人的私密活动。例如，在他人聊天谈话的场所安装窃听器，用高倍望远镜窥视他人行踪，拍摄、录制他人会见男友的场面，公开他人不欲对外分享的私密活动等。

87. 可以拍摄、窥视他人身体的私密部位吗?

《民法典》第 1033 条第 4 项规定，除法律另有规定或者权利人明确同意外，任何组织或者个人不得实施下列行为:（四）拍摄、窥视他人身体的私密部位。

个人的私密部位属于隐私权的保护范围。法律禁止拍摄、窥视他人身体的私密部位。例如，借他人沐浴、上厕所时，利用望远镜、长焦镜头等偷窥他人身体私密部位，侵害了他人的隐私权。

除拍摄、窥视外，未经许可擅自公开他人的身体隐私的，也构成对他人隐私权的侵害。例如，人体模特允许他人临摹其身体，但也并不意味着允许其向公众暴露其身体隐私。有时，纵使经过权利人的同意，公开他人隐秘部位的照片，也构成侵害隐私权。例如，从事违法放贷的网络公司，针对在校大学生发放小额贷款，在放款时要求借款人向小贷公司提供自己裸体并持身份证的照片作为担保，一旦借款人不能按时偿还借款，则小贷公司立即将裸照在网络上公布。即使受害人同意披露自己的身体隐私，也应当认定该同意行为违背公序良俗而无效，公开裸照的行为仍然构成侵害隐私权。

88. 可以未经同意处理他人的私密信息吗？

《民法典》第 1033 条第 5、6 项规定，除法律另有规定或者权利人明确同意外，任何组织或者个人不得实施下列行为：（五）处理他人的私密信息；（六）以其他方式侵害他人的隐私权。

并非所有的个人信息都属于私密信息，有一些个人信息不涉及自然人私生活秘密、且高度公开，因而不属于私密信息，如姓名、性别、籍贯等。只有具有私密性的个人信息才属于私密信息，如婚姻状况、身体健康情况、征信信息、行踪轨迹等。未经权利人明确同意，不得处理他人的私密信息。例如，银行、手机软件 APP 等，未经客户或用户同意，不得收集个人的生理信息（身高、体重、血型、肤色、长相、性别等）、健康信息、财产信息、家庭信息、行踪轨迹、通讯录、短信内容、通话信息等。

此外，法律规定了一个兜底条款，即不得以其他方式侵害他人的隐私权。

89. 哪些信息属于法律保护的个人信息？

《民法典》第 1034 条第 1、2 款规定，自然人的个人信息受法律保护。个人信息是以电子或者其他方式记录的能够单独或者与其他信息结合识别特定自然人的各种信息，包括自然人的姓名、出生日期、身份证件号码、生物识别信息、住址、电话号码、电子邮箱、健康信息、行踪信息等。

如何在信息利用与个人信息保护之间取得平衡，是人类进入信息时代以来面临的重要问题。在生活中，个人信息的不当收集处理、非法贩卖，以及利用个人信息实施诈骗、推销广告等现象屡见不鲜。有鉴于此，法律对于个人信息保护的问题作出明确规定。《民法典》总则编第 111 条规定，自然人的个人信息受法律保护。任何组织或者个人需要获取他人个人信息的，应当依法取得并确保信息安全，不得非法收集、使用、加工、传输他人个人信息，不得非法买卖、提供或者公开他人个人信息。《民法典》人格权编第 1034 条以下，针对个人信息保护作出了更为细致的规定。

根据规定，个人信息的主体是自然人，法人与非法人组织并非个人信息的主体。个人信息是以电子或者其他方式记录的能够单独或者与其他信息结合识别特定自然人的各种信息，包括自然人的姓名、出生日期、身份证件号码、生物识别信息、住址、电话号码、电子邮箱、健康信息、行踪信息等。

90. 个人信息中的私密信息，适用什么规定?

《民法典》第1034条第3款规定，个人信息中的私密信息，适用有关隐私权的规定；没有规定的，适用有关个人信息保护的规定。

姓名、性别、籍贯等因高度公开而不属于私密信息，只有具有私密性的个人信息才属于私密信息。根据上述法律规定，个人信息中的私密信息，适用有关隐私权的规定；隐私权没有规定的，适用有关个人信息保护的规定。例如，任何组织或者个人不得以刺探、侵扰、泄露、公开等方式侵害他人的私密信息。再如，除法律另有规定或者权利人明确同意外，任何组织或者个人不得处理他人的私密信息。

91. 处理自然人个人信息应当遵循什么原则?

《民法典》第1035条规定，处理个人信息的，应当遵循合法、正当、必要原则，不得过度处理，并符合下列条件：

（一）征得该自然人或者其监护人同意，但是法律、行政法规另有规定的除外；

（二）公开处理信息的规则；

（三）明示处理信息的目的、方式和范围；

（四）不违反法律、行政法规的规定和双方的约定。

个人信息的处理包括个人信息的收集、存储、使用、加工、传输、提供、公开等。

根据上述法律规定，处理个人信息的，应当遵循合法、正当、必要原则，不得过度处理。

第一，应当遵循合法原则。合法原则，是指处理个人信息必须符合法律的规定。具体而言，处理信息的主体必须合法。个人信息的处理机构通常有两类：一是法律授权的主体，如国家机关，包括权力机关、立法机关和司法机关等。有关部门都可以在法律授予职权的范围内依法收集、处理和利用个人信息，无须当事人的同意。二是获得信息主体同意的信息处理机构。另外，处理个人信息的手段必须合法。个人信息的处理必须遵循合法、自愿和遵守诚信原则。

第二，应当遵循目的正当原则，即个人信息的处理必须符合事先确定的处理目的。其一，信息处理者不能超越法律规定或者商业机构事先确定的目的处理其他信息。其二，信息处理者不能将确定目的内收集的信息进行超出目的的利用。

第三，应当遵循必要原则，在从事某一特定活动时可以处理、也可以不处理个人信息时，要尽量不处理，在必须处理并征得权利人许可时，要尽量少处理。

92. 隐私与个人信息有什么关系？

隐私与个人信息联系紧密，隐私中的私密信息就属于个人信息，侵犯个人信息和侵犯隐私权的最主要方式都是非法泄露或者公开。

但是，二者的区别也非常明显，因此，民法典并未采取传统民法以姓名权、肖像权及隐私权为框架保护个人信息的方式，而是明确将个人信息保护的权利在隐私权等具体人格权外单独加以规定。

隐私与个人信息的区别主要有以下四点：

（1）二者的构成要件不同，隐私强调私密性，而个人信息强调识别性。

（2）“隐私”与“个人信息”二者的范围有重合。重合部分可以称为隐私信息，即权利主体不愿为他人知晓的个人信息，如病史、犯罪记录等。但“个人信息”不仅包括不愿为外人知晓的“隐私信息”，还包括可以公开的“非隐私信息”（如姓名、性别等）；并且，“隐私”带有主观色彩，如身高、住址、电话号码等个人信息，有些人视为隐私，有些人视为可公开信息。

（3）从权利内容和救济方式而言，隐私权作为一种私生活受尊重的权利，多表现为消极被动和防御性的特点，它以侵害行为或侵害可能为前提，以维护人格尊严为目的，一般不具有财产利益。而个人信息得到保护的权利，表现为一种积极主动的请求权，不仅包括个人信息不受非法处理的内容，还包括权利主体对其个人信息的积极控制，如权利人有权决定其个人信息能否被他人收集、处理和利用以及如何利用，有权要求信息处理者修改不正确、不完整的个人信息以保证信息质量，有权针对商业目的的个人信息利用获取报酬等。

（4）对二者的保护程度不同。对隐私权的保护程度要高于对个人信息的保护程度。个人信息保护与隐私权等的保护范围具有一定的重合之处。个人信息受保护的权利并非要替代隐私权对秘密信息的保护，而是对其保护的补充。

93. 处理自然人个人信息，除应遵循合法、正当、必要原则外，还应符合什么条件？

《民法典》第1035条第1款规定，处理个人信息的，应当遵循合法、正当、必要原则，不得过度处理，并符合下列条件：

（一）征得该自然人或者其监护人同意，但是法律、行政法规另有规定的除外；

（二）公开处理信息的规则；

（三）明示处理信息的目的、方式和范围；

（四）不违反法律、行政法规的规定和双方的约定。

根据上述法律规定，处理自然人个人信息的，还应当符合如下条件：第一，符合告知同意原则。告知同意原则是指信息处理者在处理个人信息之时，应当对信息主体就有关个人信息被收集、处理和利用的情况进行充分告知，并征得信息主体明确同意的原则。除法律另有规定外，处理应征得该自然人或者其监护人同意。第二，为保护权利人基于充分的了解作出同意的表示，法律规定信息收处理者应当公开处理信息的规则，明示处理信息的目的、方式和范围。第三，处理个人信息，应当符合法律、行政法规的规定和双方的约定。

94. 在信息主体同意范围内处理个人信息，需要承担民事责任吗？

《民法典》第 1036 条第 1 项规定，处理个人信息，有下列情形之一的，行为人不承担民事责任：（一）在该自然人或者其监护人同意的范围内合理实施的行为。

上述规定是对信息处理的告知同意原则的反面规定。在信息处理者公开处理信息的规则，并明示处理信息的目的、方式和范围后，且经过自然人或者其监护人同意，在其同意的范围内实施的行为，行为人不承担责任。

95. 合理处理自行公开的或者其他已经合法公开的信息，需要承担民事责任吗？

《民法典》第 1036 条第 2 项规定，处理个人信息，有下列情形之一的，行为人不承担民事责任：（二）合理处理该自然人自行公开的或者其他已经合法公开的信息，但是该自然人明确拒绝或者处理该信息侵害其重大利益的除外。

已公开的个人信息是指权利人自行在网络上公开的信息或者其他已合法公开的个人信息。对已经公开的个人信息在合法正当、合理预见的范围内处理，原则上不构成对他人个人信息权益的侵害。例如，互联网使用者转载本人已经在网络上发布的私密图片，并未侵害他人个人信息权益。但是，如果自然人明确拒绝或者处理该信息侵害其重大利益，纵使已经公开，也不得进行处理。

96. 为维护公共利益或者该自然人合法权益处理个人信息，需要承担民事责任吗？

《民法典》第 1036 条第 3 项规定，处理个人信息，有下列情形之一的，行为人不承担民事责任：（三）为维护公共利益或者该自然人合法权益，合理实施的其他行为。

为维护公共利益或者该自然人合法权益，合理实施的处理自然人个人信息的行为，不承担民事责任。例如，行为人为学术研究、课堂教学或者统计目的在合理范围内实施的信息处理行为。再如，国家公权力机关为了制定国家经济、社会政策的需要而处理有关公民的个人信息。

97. 自然人可以向信息处理者请求查阅、复制、更正、删除个人信息吗？

《民法典》第 1037 条规定，自然人可以依法向信息处理者查阅或者复制其个人信息；发现信息有错误的，有权提出异议并请求及时采取更正等必要措施。自然人发现信息处理者违反法律、行政法规的规定或者双方的约定处理其个人信息的，有权请求信息处理者及时删除。

根据以上法律规定，自然人享有信息知情权、更正权、删除权等权利。（1）信息主体有权支配自己的个人信息。因此，即便个人信息已经为他人合法控制，但信息主体对信息的支配权仍然存在，可以向信息处理者依法查阅或者复制其个人信息。（2）信息主体针对错误个人信息享有异议更正权。准确的个人信息对于勾画、反映个人完整人格形象有重要意义，错误的个人信息可能会影响到其社会评价。因此，当个人信息有错误时，信息主体有权提出异议并请求及时采取更正等必要措施。（3）信息主体享有信息删除权。当信息处理者非法处理信息时，同意处理的期限已经届满，或者已经达到处理目的且无继续持有的必要时，信息主体有权要求信息处理者删除。

98. 信息处理者能否泄露、篡改或向他人提供个人信息？

《民法典》第 1038 条第 1 款规定，信息处理者不得泄露或者篡改其收集、存储的个人信息；未经自然人同意，不得向他人非法提供其个人信息，但是经过加工无法识别特定个人且不能复原的除外。

随着科技的进步和发展，数据的采集和共享方式正在发生变化，数据作为一种产业蓬勃发展。既要鼓励数据的开发、利用和共享，以促进数据产业的发展，也要注重个人信息的保护，数据共享与个人信息的利益保护之间需要平衡。因此，法律规定信息处理者在取得信息后，不得泄露、篡改其收集、存储的个人信息。未经被收集者同意，不得向他人非法提供个人信息。信息处理者在个人信息经过加工无法识别特定个人且不能复原的情况下，可以不经被收集者同意，向他人提供个人信息。

99. 信息处理者负有保护个人信息安全的义务吗？

《民法典》第 1038 条第 2 款规定，信息处理者应当采取技术措施和其他必要措施，确保其收集、存储的个人信息安全，防止信息泄露、篡改、丢失；发生或者可能发生个人信息泄露、篡改、丢失的，应当及时采取补救措施，按照规定告知自然人并向有关主管部门报告。

个人信息在被处理者处理之后，如果有可能被他人窃取、篡改或丢失，信息主体有权要求其采取合理措施，以保护个人信息的安全。信息的安全包括储存安全、传递安全、使用安全等内容。储存安全是指信息处理者要确保该信息以安全的方式储存；传递安全是指信息在传输过程中不至于发生不当的丢失、被截取、被修改或者被公开；使用安全是指信息在使用的过程中不得被非法或不当地使用或被处理。根据上述法律规定，信息处理者应当采取技术措施和其他必要措施，确保其收集、存储的个人信息安全，防止信息泄露、篡改、丢失。发生或者可能发生个人信息泄露、篡改、丢失的，应当及时采取补救措施，按照规定告知自然人并向有关主管部门报告。违反信息安全维持义务的，应当承担民事责任。

100. 国家机关、承担行政职能的法定机构及其工作人员知悉的自然人的隐私和个人信息，可以向他人提供吗？

《民法典》第 1039 条规定，国家机关、承担行政职能的法定机构及其工作人员对于履行职责过程中知悉的自然人的隐私和个人信息，应当予以保密，不得泄露或者向他人非法提供。

该条明确规定了国家机关、承担行政职能的法定机构及其工作人员对履职过程中知悉的个人信息等的保密义务。国家机关、承担行政职能的法定机构及其工作人员对于履行职责过程中知悉的自然人的隐私和个人信息，应当予以保密，不得泄露或者向他人非法提供。例如，公共监控视频中取得的自然人行踪轨迹，公安机关在侦察阶段获得的个人信息，若其工作人员将其在网上公开，就违反了应当予以保密、不得泄露或者非法向他人提供的义务，侵犯了民事主体的合法权益。

附录

中华人民共和国民法典（节录）

（2020 年 5 月 28 日第十三届全国人民代表大会第三次会议通过）

……

第四编　人　格　权

第一章　一 般 规 定

第九百八十九条　【人格权编的调整范围】[①] 本编调整因人格权的享有和保护产生的民事关系。

第九百九十条　【人格权类型】人格权是民事主体享有的生命权、身体权、健康权、姓名权、名称权、肖像权、名誉权、荣誉权、隐私权等权利。

除前款规定的人格权外，自然人享有基于人身自由、人格尊严产生的其他人格权益。

第九百九十一条　【人格权受法律保护】民事主体的人格权受法律保护，任何组织或者个人不得侵害。

第九百九十二条　【人格权不得放弃、转让、继承】人格权不得放弃、转让或者继承。

---

① 条文主旨为编者所加，下同。

第九百九十三条 【人格利益的许可使用】 民事主体可以将自己的姓名、名称、肖像等许可他人使用，但是依照法律规定或者根据其性质不得许可的除外。

第九百九十四条 【死者人格利益保护】 死者的姓名、肖像、名誉、荣誉、隐私、遗体等受到侵害的，其配偶、子女、父母有权依法请求行为人承担民事责任；死者没有配偶、子女且父母已经死亡的，其他近亲属有权依法请求行为人承担民事责任。

第九百九十五条 【人格权保护的请求权】 人格权受到侵害的，受害人有权依照本法和其他法律的规定请求行为人承担民事责任。受害人的停止侵害、排除妨碍、消除危险、消除影响、恢复名誉、赔礼道歉请求权，不适用诉讼时效的规定。

第九百九十六条 【人格权责任竞合下的精神损害赔偿】 因当事人一方的违约行为，损害对方人格权并造成严重精神损害，受损害方选择请求其承担违约责任的，不影响受损害方请求精神损害赔偿。

第九百九十七条 【申请法院责令停止侵害】 民事主体有证据证明行为人正在实施或者即将实施侵害其人格权的违法行为，不及时制止将使其合法权益受到难以弥补的损害的，有权依法向人民法院申请采取责令行为人停止有关行为的措施。

第九百九十八条 【认定行为人承担责任时的考量因素】 认定行为人承担侵害除生命权、身体权和健康权外的人格权的民事责任，应当考虑行为人和受害人的职业、影响范围、过错程度，以及行为的目的、方式、后果等因素。

第九百九十九条 【人格利益的合理使用】为公共利益实施新闻报道、舆论监督等行为的，可以合理使用民事主体的姓名、名称、肖像、个人信息等；使用不合理侵害民事主体人格权的，应当依法承担民事责任。

第一千条 【消除影响、恢复名誉、赔礼道歉责任方式】行为人因侵害人格权承担消除影响、恢复名誉、赔礼道歉等民事责任的，应当与行为的具体方式和造成的影响范围相当。

行为人拒不承担前款规定的民事责任的，人民法院可以采取在报刊、网络等媒体上发布公告或者公布生效裁判文书等方式执行，产生的费用由行为人负担。

第一千零一条 【自然人身份权利保护的参照】对自然人因婚姻家庭关系等产生的身份权利的保护，适用本法第一编、第五编和其他法律的相关规定；没有规定的，可以根据其性质参照适用本编人格权保护的有关规定。

第二章　生命权、身体权和健康权

第一千零二条 【生命权】自然人享有生命权。自然人的生命安全和生命尊严受法律保护。任何组织或者个人不得侵害他人的生命权。

第一千零三条 【身体权】自然人享有身体权。自然人的身体完整和行动自由受法律保护。任何组织或者个人不得侵害他人的身体权。

第一千零四条 【健康权】自然人享有健康权。自然人的身心健康受法律保护。任何组织或者个人不得侵害他人的健康权。

第一千零五条 【法定救助义务】自然人的生命权、身体权、健康权受到侵害或者处于其他危难情形的，负有法定救助义务的组织或者个人应当及时施救。

第一千零六条 【人体捐献】完全民事行为能力人有权依法自主决定无偿捐献其人体细胞、人体组织、人体器官、遗体。任何组织或者个人不得强迫、欺骗、利诱其捐献。

完全民事行为能力人依据前款规定同意捐献的，应当采用书面形式，也可以订立遗嘱。

自然人生前未表示不同意捐献的，该自然人死亡后，其配偶、成年子女、父母可以共同决定捐献，决定捐献应当采用书面形式。

第一千零七条 【禁止买卖人体细胞、组织、器官和遗体】禁止以任何形式买卖人体细胞、人体组织、人体器官、遗体。

违反前款规定的买卖行为无效。

第一千零八条 【人体临床试验】为研制新药、医疗器械或者发展新的预防和治疗方法，需要进行临床试验的，应当依法经相关主管部门批准并经伦理委员会审查同意，向受试者或者受试者的监护人告知试验目的、用途和可能产生的风险等详细情况，并经其书面同意。

进行临床试验的，不得向受试者收取试验费用。

第一千零九条 【从事人体基因、胚胎等医学和科研活动的法定限制】从事与人体基因、人体胚胎等有关的医学和科研活动，应当遵守法律、行政法规和国家有关规定，不得危害人体健康，不得违背伦理道德，不得损害公共利益。

第一千零一十条 【性骚扰】违背他人意愿，以言语、文字、图像、肢体行为等方式对他人实施性骚扰的，受害人有权依法请求行为人承担民事责任。

机关、企业、学校等单位应当采取合理的预防、受理投诉、调查处置等措施，防止和制止利用职权、从属关系等实施性骚扰。

第一千零一十一条 【非法剥夺、限制他人行动自由和非法搜查他人身体】以非法拘禁等方式剥夺、限制他人的行动自由，或者非法搜查他人身体的，受害人有权依法请求行为人承担民事责任。

第三章 姓名权和名称权

第一千零一十二条 【姓名权】自然人享有姓名权，有权依法决定、使用、变更或者许可他人使用自己的姓名，但是不得违背公序良俗。

第一千零一十三条 【名称权】法人、非法人组织享有名称权，有权依法决定、使用、变更、转让或者许可他人使用自己的名称。

第一千零一十四条 【禁止侵害他人的姓名或名称】任何组织或者个人不得以干涉、盗用、假冒等方式侵害他人的姓名权或者名称权。

第一千零一十五条 【自然人姓氏的选取】自然人应当随父姓或者母姓，但是有下列情形之一的，可以在父姓和母姓之外选取姓氏：

（一）选取其他直系长辈血亲的姓氏；

（二）因由法定扶养人以外的人扶养而选取扶养人姓氏；

（三）有不违背公序良俗的其他正当理由。

少数民族自然人的姓氏可以遵从本民族的文化传统和风俗习惯。

第一千零一十六条 【决定、变更姓名、名称及转让名称的规定】自然人决定、变更姓名，或者法人、非法人组织决定、变更、转让名称的，应当依法向有关机关办理登记手续，但是法律另有规定的除外。

民事主体变更姓名、名称的，变更前实施的民事法律行为对其具有法律约束力。

第一千零一十七条 【姓名与名称的扩展保护】具有一定社会知名度，被他人使用足以造成公众混淆的笔名、艺名、网名、译名、字号、姓名和名称的简称等，参照适用姓名权和名称权保护的有关规定。

第四章 肖 像 权

第一千零一十八条 【肖像权及肖像】自然人享有肖像权，有权依法制作、使用、公开或者许可他人使用自己的肖像。

肖像是通过影像、雕塑、绘画等方式在一定载体上所反映的特定自然人可以被识别的外部形象。

第一千零一十九条 【肖像权的保护】任何组织或者个人不得以丑化、污损，或者利用信息技术手段伪造等方式侵害他人的肖像权。未经肖像权人同意，不得制作、使用、公开肖像权人的肖像，但是法律另有规定的除外。

未经肖像权人同意，肖像作品权利人不得以发表、复制、发行、出租、展览等方式使用或者公开肖像权人的肖像。

第一千零二十条 【肖像权的合理使用】合理实施下列行为的，可以不经肖像权人同意：

（一）为个人学习、艺术欣赏、课堂教学或者科学研究，在必要范围内使用肖像权人已经公开的肖像；

（二）为实施新闻报道，不可避免地制作、使用、公开肖像权人的肖像；

（三）为依法履行职责，国家机关在必要范围内制作、使用、公开肖像权人的肖像；

（四）为展示特定公共环境，不可避免地制作、使用、公开肖像权人的肖像；

（五）为维护公共利益或者肖像权人合法权益，制作、使用、公开肖像权人的肖像的其他行为。

第一千零二十一条 【肖像许可使用合同的解释】当事人对肖像许可使用合同中关于肖像使用条款的理解有争议的，应当作出有利于肖像权人的解释。

第一千零二十二条 【肖像许可使用合同期限】当事人对肖像许可使用期限没有约定或者约定不明确的，任何一方当事人可以随时解除肖像许可使用合同，但是应当在合理期限之前通知对方。

当事人对肖像许可使用期限有明确约定，肖像权人有正当理由的，可以解除肖像许可使用合同，但是应当在合理期限之前通知对方。因解除合同造成对方损失的，除不可归责于肖像权人的事由外，应当赔偿损失。

第一千零二十三条 【姓名、声音等的许可使用参照肖像许可使用】对姓名等的许可使用，参照适用肖像许可使用的有关规定。

对自然人声音的保护，参照适用肖像权保护的有关规定。

第五章　名誉权和荣誉权

第一千零二十四条 【名誉权及名誉】民事主体享有名誉权。任何组织或者个人不得以侮辱、诽谤等方式侵害他人的名誉权。

名誉是对民事主体的品德、声望、才能、信用等的社会评价。

第一千零二十五条 【新闻报道、舆论监督与保护名誉权关系问题】行为人为公共利益实施新闻报道、舆论监督等行为，影响他人名誉的，不承担民事责任，但是有下列情形之一的除外：

（一）捏造、歪曲事实；

（二）对他人提供的严重失实内容未尽到合理核实义务；

（三）使用侮辱性言辞等贬损他人名誉。

第一千零二十六条 【认定是否尽到合理核实义务的考虑因素】认定行为人是否尽到前条第二项规定的合理核实义务，应当考虑下列因素：

（一）内容来源的可信度；

（二）对明显可能引发争议的内容是否进行了必要的调查；

（三）内容的时限性；

（四）内容与公序良俗的关联性；

（五）受害人名誉受贬损的可能性；

（六）核实能力和核实成本。

第一千零二十七条 【文学、艺术作品侵害名誉权的认定与例外】行为人发表的文学、艺术作品以真人真事或者特定人为描述对象，含有侮辱、诽谤内容，侵害他人名誉权的，受害人有权依法请求该行为人承担民事责任。

行为人发表的文学、艺术作品不以特定人为描述对象，仅其中的情节与该特定人的情况相似的，不承担民事责任。

第一千零二十八条 【名誉权人更正权】民事主体有证据证明报刊、网络等媒体报道的内容失实，侵害其名誉权的，有权请求该媒体及时采取更正或者删除等必要措施。

第一千零二十九条 【信用评价】民事主体可以依法查询自己的信用评价；发现信用评价不当的，有权提出异议并请求采取更正、删除等必要措施。信用评价人应当及时核查，经核查属实的，应当及时采取必要措施。

第一千零三十条 【处理信用信息的法律适用】民事主体与征信机构等信用信息处理者之间的关系，适用本编有关个人信息保护的规定和其他法律、行政法规的有关规定。

第一千零三十一条 【荣誉权】民事主体享有荣誉权。任何组织或者个人不得非法剥夺他人的荣誉称号，不得诋毁、贬损他人的荣誉。

获得的荣誉称号应当记载而没有记载的，民事主体可以请求记载；获得的荣誉称号记载错误的，民事主体可以请求更正。

第六章　隐私权和个人信息保护

第一千零三十二条　【隐私权及隐私】自然人享有隐私权。任何组织或者个人不得以刺探、侵扰、泄露、公开等方式侵害他人的隐私权。

隐私是自然人的私人生活安宁和不愿为他人知晓的私密空间、私密活动、私密信息。

第一千零三十三条　【侵害隐私权的行为】除法律另有规定或者权利人明确同意外，任何组织或者个人不得实施下列行为：

（一）以电话、短信、即时通讯工具、电子邮件、传单等方式侵扰他人的私人生活安宁；

（二）进入、拍摄、窥视他人的住宅、宾馆房间等私密空间；

（三）拍摄、窥视、窃听、公开他人的私密活动；

（四）拍摄、窥视他人身体的私密部位；

（五）处理他人的私密信息；

（六）以其他方式侵害他人的隐私权。

第一千零三十四条　【个人信息保护】自然人的个人信息受法律保护。

个人信息是以电子或者其他方式记录的能够单独或者与其他信息结合识别特定自然人的各种信息，包括自然人的姓名、出生日期、身份证件号码、生物识别信息、住址、电话号码、电子邮箱、健康信息、行踪信息等。

个人信息中的私密信息，适用有关隐私权的规定；没有规定的，适用有关个人信息保护的规定。

第一千零三十五条 【个人信息处理的原则】处理个人信息的，应当遵循合法、正当、必要原则，不得过度处理，并符合下列条件：

（一）征得该自然人或者其监护人同意，但是法律、行政法规另有规定的除外；

（二）公开处理信息的规则；

（三）明示处理信息的目的、方式和范围；

（四）不违反法律、行政法规的规定和双方的约定。

个人信息的处理包括个人信息的收集、存储、使用、加工、传输、提供、公开等。

第一千零三十六条 【处理个人信息的免责事由】处理个人信息，有下列情形之一的，行为人不承担民事责任：

（一）在该自然人或者其监护人同意的范围内合理实施的行为；

（二）合理处理该自然人自行公开的或者其他已经合法公开的信息，但是该自然人明确拒绝或者处理该信息侵害其重大利益的除外；

（三）为维护公共利益或者该自然人合法权益，合理实施的其他行为。

第一千零三十七条 【个人信息主体的权利】自然人可以依法向信息处理者查阅或者复制其个人信息；发现信息有错误的，有权提出异议并请求及时采取更正等必要措施。

自然人发现信息处理者违反法律、行政法规的规定或者双方的约定处理其个人信息的，有权请求信息处理者及时删除。

第一千零三十八条 【个人信息安全】信息处理者不得泄露或者篡改其收集、存储的个人信息；未经自然人同意，不得向他人非法提供其个人信息，但是经过加工无法识别特定个人且不能复原的除外。

信息处理者应当采取技术措施和其他必要措施，确保其收集、存储的个人信息安全，防止信息泄露、篡改、丢失；发生或者可能发生个人信息泄露、篡改、丢失的，应当及时采取补救措施，按照规定告知自然人并向有关主管部门报告。

第一千零三十九条 【国家机关及其工作人员对个人信息的保密义务】国家机关、承担行政职能的法定机构及其工作人员对于履行职责过程中知悉的自然人的隐私和个人信息，应当予以保密，不得泄露或者向他人非法提供。

……

第七编 侵权责任

第一章 一般规定

第一千一百六十四条 【侵权责任编的调整范围】本编调整因侵害民事权益产生的民事关系。

第一千一百六十五条 【过错责任原则与过错推定责任】行为人因过错侵害他人民事权益造成损害的，应当承担侵权责任。

依照法律规定推定行为人有过错，其不能证明自己没有过错的，应当承担侵权责任。

第一千一百六十六条 【无过错责任】行为人造成他人民事权益损害，不论行为人有无过错，法律规定应当承担侵权责任的，依照其规定。

第一千一百六十七条 【危及他人人身、财产安全的责任承担方式】侵权行为危及他人人身、财产安全的，被侵权人有权请求侵权人承担停止侵害、排除妨碍、消除危险等侵权责任。

第一千一百六十八条 【共同侵权】二人以上共同实施侵权行为，造成他人损害的，应当承担连带责任。

第一千一百六十九条 【教唆侵权、帮助侵权】教唆、帮助他人实施侵权行为的，应当与行为人承担连带责任。

教唆、帮助无民事行为能力人、限制民事行为能力人实施侵权行为的，应当承担侵权责任；该无民事行为能力人、限制民事行为能力人的监护人未尽到监护职责的，应当承担相应的责任。

第一千一百七十条 【共同危险行为】二人以上实施危及他人人身、财产安全的行为，其中一人或者数人的行为造成他人损害，能够确定具体侵权人的，由侵权人承担责任；不能确定具体侵权人的，行为人承担连带责任。

第一千一百七十一条 【分别侵权的连带责任】二人以上分别实施侵权行为造成同一损害，每个人的侵权行为都足以造成全部损害的，行为人承担连带责任。

第一千一百七十二条 【分别侵权的按份责任】二人以上分别

实施侵权行为造成同一损害，能够确定责任大小的，各自承担相应的责任；难以确定责任大小的，平均承担责任。

第一千一百七十三条 【与有过错】被侵权人对同一损害的发生或者扩大有过错的，可以减轻侵权人的责任。

第一千一百七十四条 【受害人故意】损害是因受害人故意造成的，行为人不承担责任。

第一千一百七十五条 【第三人过错】损害是因第三人造成的，第三人应当承担侵权责任。

第一千一百七十六条 【自甘风险】自愿参加具有一定风险的文体活动，因其他参加者的行为受到损害的，受害人不得请求其他参加者承担侵权责任；但是，其他参加者对损害的发生有故意或者重大过失的除外。

活动组织者的责任适用本法第一千一百九十八条至第一千二百零一条的规定。

第一千一百七十七条 【自力救济】合法权益受到侵害，情况紧迫且不能及时获得国家机关保护，不立即采取措施将使其合法权益受到难以弥补的损害的，受害人可以在保护自己合法权益的必要范围内采取扣留侵权人的财物等合理措施；但是，应当立即请求有关国家机关处理。

受害人采取的措施不当造成他人损害的，应当承担侵权责任。

第一千一百七十八条 【特别规定优先适用】本法和其他法律对不承担责任或者减轻责任的情形另有规定的，依照其规定。

第二章 损害赔偿

第一千一百七十九条 【人身损害赔偿范围】侵害他人造成人身损害的，应当赔偿医疗费、护理费、交通费、营养费、住院伙食补助费等为治疗和康复支出的合理费用，以及因误工减少的收入。造成残疾的，还应当赔偿辅助器具费和残疾赔偿金；造成死亡的，还应当赔偿丧葬费和死亡赔偿金。

第一千一百八十条 【以相同数额确定死亡赔偿金】因同一侵权行为造成多人死亡的，可以以相同数额确定死亡赔偿金。

第一千一百八十一条 【被侵权人死亡时请求权主体的确定】被侵权人死亡的，其近亲属有权请求侵权人承担侵权责任。被侵权人为组织，该组织分立、合并的，承继权利的组织有权请求侵权人承担侵权责任。

被侵权人死亡的，支付被侵权人医疗费、丧葬费等合理费用的人有权请求侵权人赔偿费用，但是侵权人已经支付该费用的除外。

第一千一百八十二条 【侵害他人人身权益造成财产损失的赔偿计算方式】侵害他人人身权益造成财产损失的，按照被侵权人因此受到的损失或者侵权人因此获得的利益赔偿；被侵权人因此受到的损失以及侵权人因此获得的利益难以确定，被侵权人和侵权人就赔偿数额协商不一致，向人民法院提起诉讼的，由人民法院根据实际情况确定赔偿数额。

第一千一百八十三条 【精神损害赔偿】侵害自然人人身权益

造成严重精神损害的，被侵权人有权请求精神损害赔偿。

因故意或者重大过失侵害自然人具有人身意义的特定物造成严重精神损害的，被侵权人有权请求精神损害赔偿。

第一千一百八十四条 【财产损失的计算】侵害他人财产的，财产损失按照损失发生时的市场价格或者其他合理方式计算。

第一千一百八十五条 【故意侵害知识产权的惩罚性赔偿责任】故意侵害他人知识产权，情节严重的，被侵权人有权请求相应的惩罚性赔偿。

第一千一百八十六条 【公平分担损失】受害人和行为人对损害的发生都没有过错的，依照法律的规定由双方分担损失。

第一千一百八十七条 【赔偿费用的支付方式】损害发生后，当事人可以协商赔偿费用的支付方式。协商不一致的，赔偿费用应当一次性支付；一次性支付确有困难的，可以分期支付，但是被侵权人有权请求提供相应的担保。

第三章　责任主体的特殊规定

第一千一百八十八条 【监护人责任】无民事行为能力人、限制民事行为能力人造成他人损害的，由监护人承担侵权责任。监护人尽到监护职责的，可以减轻其侵权责任。

有财产的无民事行为能力人、限制民事行为能力人造成他人损害的，从本人财产中支付赔偿费用；不足部分，由监护人赔偿。

第一千一百八十九条 【委托监护时监护人的责任】无民事行为能力人、限制民事行为能力人造成他人损害，监护人将监护职责委托给他人的，监护人应当承担侵权责任；受托人有过错的，承担相应的责任。

第一千一百九十条 【暂时丧失意识后的侵权责任】完全民事行为能力人对自己的行为暂时没有意识或者失去控制造成他人损害有过错的，应当承担侵权责任；没有过错的，根据行为人的经济状况对受害人适当补偿。

完全民事行为能力人因醉酒、滥用麻醉药品或者精神药品对自己的行为暂时没有意识或者失去控制造成他人损害的，应当承担侵权责任。

第一千一百九十一条 【用人单位责任和劳务派遣单位、劳务用工单位责任】用人单位的工作人员因执行工作任务造成他人损害的，由用人单位承担侵权责任。用人单位承担侵权责任后，可以向有故意或者重大过失的工作人员追偿。

劳务派遣期间，被派遣的工作人员因执行工作任务造成他人损害的，由接受劳务派遣的用工单位承担侵权责任；劳务派遣单位有过错的，承担相应的责任。

第一千一百九十二条 【个人劳务关系中的侵权责任】个人之间形成劳务关系，提供劳务一方因劳务造成他人损害的，由接受劳务一方承担侵权责任。接受劳务一方承担侵权责任后，可以向有故意或者重大过失的提供劳务一方追偿。提供劳务一方因劳务受到损害的，根据双方各自的过错承担相应的责任。

提供劳务期间，因第三人的行为造成提供劳务一方损害的，提供劳务一方有权请求第三人承担侵权责任，也有权请求接受劳务一方给予补偿。接受劳务一方补偿后，可以向第三人追偿。

第一千一百九十三条 【承揽关系中的侵权责任】承揽人在完成工作过程中造成第三人损害或者自己损害的，定作人不承担侵权责任。但是，定作人对定作、指示或者选任有过错的，应当承担相应的责任。

第一千一百九十四条 【网络侵权责任】网络用户、网络服务提供者利用网络侵害他人民事权益的，应当承担侵权责任。法律另有规定的，依照其规定。

第一千一百九十五条 【"通知与取下"制度】网络用户利用网络服务实施侵权行为的，权利人有权通知网络服务提供者采取删除、屏蔽、断开链接等必要措施。通知应当包括构成侵权的初步证据及权利人的真实身份信息。

网络服务提供者接到通知后，应当及时将该通知转送相关网络用户，并根据构成侵权的初步证据和服务类型采取必要措施；未及时采取必要措施的，对损害的扩大部分与该网络用户承担连带责任。

权利人因错误通知造成网络用户或者网络服务提供者损害的，应当承担侵权责任。法律另有规定的，依照其规定。

第一千一百九十六条 【"反通知"制度】网络用户接到转送的通知后，可以向网络服务提供者提交不存在侵权行为的声明。声明应当包括不存在侵权行为的初步证据及网络用户的真实身份信息。

网络服务提供者接到声明后，应当将该声明转送发出通知的权利人，并告知其可以向有关部门投诉或者向人民法院提起诉讼。网络服务提供者在转送声明到达权利人后的合理期限内，未收到权利人已经投诉或者提起诉讼通知的，应当及时终止所采取的措施。

第一千一百九十七条 【网络服务提供者与网络用户的连带责任】网络服务提供者知道或者应当知道网络用户利用其网络服务侵害他人民事权益，未采取必要措施的，与该网络用户承担连带责任。

第一千一百九十八条 【违反安全保障义务的侵权责任】宾馆、商场、银行、车站、机场、体育场馆、娱乐场所等经营场所、公共场所的经营者、管理者或者群众性活动的组织者，未尽到安全保障义务，造成他人损害的，应当承担侵权责任。

因第三人的行为造成他人损害的，由第三人承担侵权责任；经营者、管理者或者组织者未尽到安全保障义务的，承担相应的补充责任。经营者、管理者或者组织者承担补充责任后，可以向第三人追偿。

第一千一百九十九条 【教育机构对无民事行为能力人受到人身损害的过错推定责任】无民事行为能力人在幼儿园、学校或者其他教育机构学习、生活期间受到人身损害的，幼儿园、学校或者其他教育机构应当承担侵权责任；但是，能够证明尽到教育、管理职责的，不承担侵权责任。

第一千二百条 【教育机构对限制民事行为能力人受到人身损害的过错责任】限制民事行为能力人在学校或者其他教育机构学

习、生活期间受到人身损害，学校或者其他教育机构未尽到教育、管理职责的，应当承担侵权责任。

第一千二百零一条 【受到校外人员人身损害时的责任分担】 无民事行为能力人或者限制民事行为能力人在幼儿园、学校或者其他教育机构学习、生活期间，受到幼儿园、学校或者其他教育机构以外的第三人人身损害的，由第三人承担侵权责任；幼儿园、学校或者其他教育机构未尽到管理职责的，承担相应的补充责任。幼儿园、学校或者其他教育机构承担补充责任后，可以向第三人追偿。

第四章 产品责任

第一千二百零二条 【产品生产者侵权责任】 因产品存在缺陷造成他人损害的，生产者应当承担侵权责任。

第一千二百零三条 【被侵权人请求损害赔偿的途径和先行赔偿人追偿权】 因产品存在缺陷造成他人损害的，被侵权人可以向产品的生产者请求赔偿，也可以向产品的销售者请求赔偿。

产品缺陷由生产者造成的，销售者赔偿后，有权向生产者追偿。因销售者的过错使产品存在缺陷的，生产者赔偿后，有权向销售者追偿。

第一千二百零四条 【生产者、销售者的第三人追偿权】 因运输者、仓储者等第三人的过错使产品存在缺陷，造成他人损害的，产品的生产者、销售者赔偿后，有权向第三人追偿。

第一千二百零五条 【产品缺陷危及他人人身、财产安全的侵

权责任】因产品缺陷危及他人人身、财产安全的，被侵权人有权请求生产者、销售者承担停止侵害、排除妨碍、消除危险等侵权责任。

第一千二百零六条 【生产者、销售者的补救措施及费用承担】产品投入流通后发现存在缺陷的，生产者、销售者应当及时采取停止销售、警示、召回等补救措施；未及时采取补救措施或者补救措施不力造成损害扩大的，对扩大的损害也应当承担侵权责任。

依据前款规定采取召回措施的，生产者、销售者应当负担被侵权人因此支出的必要费用。

第一千二百零七条 【产品责任中的惩罚性赔偿】明知产品存在缺陷仍然生产、销售，或者没有依据前条规定采取有效补救措施，造成他人死亡或者健康严重损害的，被侵权人有权请求相应的惩罚性赔偿。

第五章　机动车交通事故责任

第一千二百零八条 【机动车交通事故责任的法律适用】机动车发生交通事故造成损害的，依照道路交通安全法律和本法的有关规定承担赔偿责任。

第一千二百零九条 【租赁、借用机动车交通事故责任】因租赁、借用等情形机动车所有人、管理人与使用人不是同一人时，发生交通事故造成损害，属于该机动车一方责任的，由机动车使用人承担赔偿责任；机动车所有人、管理人对损害的发生有过错的，承担相应的赔偿责任。

第一千二百一十条 【转让并交付但未办理登记的机动车侵权责任】当事人之间已经以买卖或者其他方式转让并交付机动车但是未办理登记，发生交通事故造成损害，属于该机动车一方责任的，由受让人承担赔偿责任。

第一千二百一十一条 【挂靠机动车交通事故责任】以挂靠形式从事道路运输经营活动的机动车，发生交通事故造成损害，属于该机动车一方责任的，由挂靠人和被挂靠人承担连带责任。

第一千二百一十二条 【擅自驾驶他人机动车交通事故责任】未经允许驾驶他人机动车，发生交通事故造成损害，属于该机动车一方责任的，由机动车使用人承担赔偿责任；机动车所有人、管理人对损害的发生有过错的，承担相应的赔偿责任，但是本章另有规定的除外。

第一千二百一十三条 【交通事故侵权救济来源的支付顺序】机动车发生交通事故造成损害，属于该机动车一方责任的，先由承保机动车强制保险的保险人在强制保险责任限额范围内予以赔偿；不足部分，由承保机动车商业保险的保险人按照保险合同的约定予以赔偿；仍然不足或者没有投保机动车商业保险的，由侵权人赔偿。

第一千二百一十四条 【拼装车、报废车交通事故责任】以买卖或者其他方式转让拼装或者已经达到报废标准的机动车，发生交通事故造成损害的，由转让人和受让人承担连带责任。

第一千二百一十五条 【盗抢机动车交通事故责任】盗窃、抢劫或者抢夺的机动车发生交通事故造成损害的，由盗窃人、抢劫人或者抢夺人承担赔偿责任。盗窃人、抢劫人或者抢夺人与机动车使用人不是同一人，发生交通事故造成损害，属于该机动车一方责任的，由盗窃人、抢劫人或者抢夺人与机动车使用人承担连带责任。

保险人在机动车强制保险责任限额范围内垫付抢救费用的，有权向交通事故责任人追偿。

第一千二百一十六条 【驾驶人逃逸责任承担规则】机动车驾驶人发生交通事故后逃逸，该机动车参加强制保险的，由保险人在机动车强制保险责任限额范围内予以赔偿；机动车不明、该机动车未参加强制保险或者抢救费用超过机动车强制保险责任限额，需要支付被侵权人人身伤亡的抢救、丧葬等费用的，由道路交通事故社会救助基金垫付。道路交通事故社会救助基金垫付后，其管理机构有权向交通事故责任人追偿。

第一千二百一十七条 【好意同乘规则】非营运机动车发生交通事故造成无偿搭乘人损害，属于该机动车一方责任的，应当减轻其赔偿责任，但是机动车使用人有故意或者重大过失的除外。

第六章 医疗损害责任

第一千二百一十八条 【医疗损害责任归责原则】患者在诊疗活动中受到损害，医疗机构或者其医务人员有过错的，由医疗机构承担赔偿责任。

第一千二百一十九条 【医疗机构说明义务与患者知情同意

权】医务人员在诊疗活动中应当向患者说明病情和医疗措施。需要实施手术、特殊检查、特殊治疗的，医务人员应当及时向患者具体说明医疗风险、替代医疗方案等情况，并取得其明确同意；不能或者不宜向患者说明的，应当向患者的近亲属说明，并取得其明确同意。

医务人员未尽到前款义务，造成患者损害的，医疗机构应当承担赔偿责任。

第一千二百二十条 【紧急情况下实施的医疗措施】因抢救生命垂危的患者等紧急情况，不能取得患者或者其近亲属意见的，经医疗机构负责人或者授权的负责人批准，可以立即实施相应的医疗措施。

第一千二百二十一条 【医务人员过错的医疗机构赔偿责任】医务人员在诊疗活动中未尽到与当时的医疗水平相应的诊疗义务，造成患者损害的，医疗机构应当承担赔偿责任。

第一千二百二十二条 【医疗机构过错推定的情形】患者在诊疗活动中受到损害，有下列情形之一的，推定医疗机构有过错：

（一）违反法律、行政法规、规章以及其他有关诊疗规范的规定；

（二）隐匿或者拒绝提供与纠纷有关的病历资料；

（三）遗失、伪造、篡改或者违法销毁病历资料。

第一千二百二十三条 【因药品、消毒产品、医疗器械的缺陷或输入不合格的血液的侵权责任】因药品、消毒产品、医疗器械的缺陷，或者输入不合格的血液造成患者损害的，患者可以向药品上市许可持有人、生产者、血液提供机构请求赔偿，也可以向医疗机构请求赔偿。患者向医疗机构请求赔偿的，医疗机构赔偿后，有权向负有责任的药品上市许可持有人、生产者、血液提供机构追偿。

第一千二百二十四条 【医疗机构免责事由】患者在诊疗活动中受到损害，有下列情形之一的，医疗机构不承担赔偿责任：

（一）患者或者其近亲属不配合医疗机构进行符合诊疗规范的诊疗；

（二）医务人员在抢救生命垂危的患者等紧急情况下已经尽到合理诊疗义务；

（三）限于当时的医疗水平难以诊疗。

前款第一项情形中，医疗机构或者其医务人员也有过错的，应当承担相应的赔偿责任。

第一千二百二十五条 【医疗机构对病历的义务及患者对病历的权利】医疗机构及其医务人员应当按照规定填写并妥善保管住院志、医嘱单、检验报告、手术及麻醉记录、病理资料、护理记录等病历资料。

患者要求查阅、复制前款规定的病历资料的，医疗机构应当及时提供。

第一千二百二十六条 【患者隐私和个人信息保护】医疗机构及其医务人员应当对患者的隐私和个人信息保密。泄露患者的隐私和个人信息，或者未经患者同意公开其病历资料的，应当承担侵权责任。

第一千二百二十七条 【不必要检查禁止义务】医疗机构及其医务人员不得违反诊疗规范实施不必要的检查。

第一千二百二十八条 【医疗机构及医务人员合法权益的维护】医疗机构及其医务人员的合法权益受法律保护。

干扰医疗秩序，妨碍医务人员工作、生活，侵害医务人员合法权益的，应当依法承担法律责任。

第七章　环境污染和生态破坏责任

第一千二百二十九条 【环境污染和生态破坏侵权责任】因污染环境、破坏生态造成他人损害的，侵权人应当承担侵权责任。

第一千二百三十条 【环境污染、生态破坏侵权举证责任】因污染环境、破坏生态发生纠纷，行为人应当就法律规定的不承担责任或者减轻责任的情形及其行为与损害之间不存在因果关系承担举证责任。

第一千二百三十一条 【两个以上侵权人造成损害的责任分担】两个以上侵权人污染环境、破坏生态的，承担责任的大小，根据污染物的种类、浓度、排放量，破坏生态的方式、范围、程度，以及行为对损害后果所起的作用等因素确定。

第一千二百三十二条 【侵权人的惩罚性赔偿】侵权人违反法律规定故意污染环境、破坏生态造成严重后果的，被侵权人有权请求相应的惩罚性赔偿。

第一千二百三十三条 【因第三人过错污染环境、破坏生态的责任】因第三人的过错污染环境、破坏生态的，被侵权人可以向侵权人请求赔偿，也可以向第三人请求赔偿。侵权人赔偿后，有权向第三人追偿。

第一千二百三十四条 【生态环境损害修复责任】违反国家规定造成生态环境损害，生态环境能够修复的，国家规定的机关或者法律规定的组织有权请求侵权人在合理期限内承担修复责任。侵权人在期限内未修复的，国家规定的机关或者法律规定的组织可以自行或者委托他人进行修复，所需费用由侵权人负担。

第一千二百三十五条 【生态环境损害赔偿的范围】违反国家规定造成生态环境损害的，国家规定的机关或者法律规定的组织有权请求侵权人赔偿下列损失和费用：

（一）生态环境受到损害至修复完成期间服务功能丧失导致的损失；

（二）生态环境功能永久性损害造成的损失；

（三）生态环境损害调查、鉴定评估等费用；

（四）清除污染、修复生态环境费用；

（五）防止损害的发生和扩大所支出的合理费用。

第八章　高度危险责任

第一千二百三十六条 【高度危险责任一般规定】从事高度危险作业造成他人损害的，应当承担侵权责任。

第一千二百三十七条 【民用核设施致害责任】民用核设施或者运入运出核设施的核材料发生核事故造成他人损害的，民用核设施的营运单位应当承担侵权责任；但是，能够证明损害是因战争、武装冲突、暴乱等情形或者受害人故意造成的，不承担责任。

第一千二百三十八条 【民用航空器致害责任】民用航空器造成他人损害的，民用航空器的经营者应当承担侵权责任；但是，能够证明损害是因受害人故意造成的，不承担责任。

第一千二百三十九条 【高度危险物致害责任】占有或者使用易燃、易爆、剧毒、高放射性、强腐蚀性、高致病性等高度危险物造成他人损害的，占有人或者使用人应当承担侵权责任；但是，能够证明损害是因受害人故意或者不可抗力造成的，不承担责任。被侵权人对损害的发生有重大过失的，可以减轻占有人或者使用人的责任。

第一千二百四十条 【高度危险活动致害责任】从事高空、高压、地下挖掘活动或者使用高速轨道运输工具造成他人损害的，经营者应当承担侵权责任；但是，能够证明损害是因受害人故意或者不可抗力造成的，不承担责任。被侵权人对损害的发生有重大过失的，可以减轻经营者的责任。

第一千二百四十一条 【遗失、抛弃高度危险物致害的侵权责任】遗失、抛弃高度危险物造成他人损害的，由所有人承担侵权责任。所有人将高度危险物交由他人管理的，由管理人承担侵权责任；所有人有过错的，与管理人承担连带责任。

第一千二百四十二条 【非法占有高度危险物致害的侵权责任】非法占有高度危险物造成他人损害的，由非法占有人承担侵权责任。所有人、管理人不能证明对防止非法占有尽到高度注意义务的，与非法占有人承担连带责任。

第一千二百四十三条 【未经许可进入高度危险作业区域的致害责任】未经许可进入高度危险活动区域或者高度危险物存放区域受到损害，管理人能够证明已经采取足够安全措施并尽到充分警示义务的，可以减轻或者不承担责任。

第一千二百四十四条 【高度危险责任赔偿限额】承担高度危险责任，法律规定赔偿限额的，依照其规定，但是行为人有故意或者重大过失的除外。

第九章　饲养动物损害责任

第一千二百四十五条 【饲养动物损害责任一般规定】饲养的动物造成他人损害的，动物饲养人或者管理人应当承担侵权责任；但是，能够证明损害是因被侵权人故意或者重大过失造成的，可以不承担或者减轻责任。

第一千二百四十六条 【未对动物采取安全措施损害责任】违反管理规定，未对动物采取安全措施造成他人损害的，动物饲养人或者管理人应当承担侵权责任；但是，能够证明损害是因被侵权人故意造成的，可以减轻责任。

第一千二百四十七条 【禁止饲养的危险动物损害责任】禁止饲养的烈性犬等危险动物造成他人损害的，动物饲养人或者管理人应当承担侵权责任。

第一千二百四十八条 【动物园饲养动物损害责任】动物园的动物造成他人损害的，动物园应当承担侵权责任；但是，能够证明尽到管理职责的，不承担侵权责任。

第一千二百四十九条 【遗弃、逃逸动物损害责任】遗弃、逃逸的动物在遗弃、逃逸期间造成他人损害的，由动物原饲养人或者管理人承担侵权责任。

第一千二百五十条 【因第三人过错致使动物致害责任】因第三人的过错致使动物造成他人损害的，被侵权人可以向动物饲养人或者管理人请求赔偿，也可以向第三人请求赔偿。动物饲养人或者管理人赔偿后，有权向第三人追偿。

第一千二百五十一条 【饲养动物应负的社会责任】饲养动物应当遵守法律法规，尊重社会公德，不得妨碍他人生活。

第十章　建筑物和物件损害责任

第一千二百五十二条 【建筑物、构筑物或者其他设施倒塌、塌陷致害责任】建筑物、构筑物或者其他设施倒塌、塌陷造成他人损害的，由建设单位与施工单位承担连带责任，但是建设单位与施工单位能够证明不存在质量缺陷的除外。建设单位、施工单位赔偿后，有其他责任人的，有权向其他责任人追偿。

因所有人、管理人、使用人或者第三人的原因，建筑物、构筑物或者其他设施倒塌、塌陷造成他人损害的，由所有人、管理人、使用人或者第三人承担侵权责任。

第一千二百五十三条 【建筑物、构筑物或者其他设施及其搁置物、悬挂物脱落、坠落致害责任】建筑物、构筑物或者其他设施及其搁置物、悬挂物发生脱落、坠落造成他人损害，所有人、管理人或者使用人不能证明自己没有过错的，应当承担侵权责任。

所有人、管理人或者使用人赔偿后，有其他责任人的，有权向其他责任人追偿。

第一千二百五十四条 【高空抛掷物、坠落物致害责任】禁止从建筑物中抛掷物品。从建筑物中抛掷物品或者从建筑物上坠落的物品造成他人损害的，由侵权人依法承担侵权责任；经调查难以确定具体侵权人的，除能够证明自己不是侵权人的外，由可能加害的建筑物使用人给予补偿。可能加害的建筑物使用人补偿后，有权向侵权人追偿。

物业服务企业等建筑物管理人应当采取必要的安全保障措施防止前款规定情形的发生；未采取必要的安全保障措施的，应当依法承担未履行安全保障义务的侵权责任。

发生本条第一款规定的情形的，公安等机关应当依法及时调查，查清责任人。

第一千二百五十五条 【堆放物致害责任】堆放物倒塌、滚落或者滑落造成他人损害，堆放人不能证明自己没有过错的，应当承担侵权责任。

第一千二百五十六条 【在公共道路上妨碍通行物品的致害责任】在公共道路上堆放、倾倒、遗撒妨碍通行的物品造成他人损害的，由行为人承担侵权责任。公共道路管理人不能证明已经尽到清理、防护、警示等义务的，应当承担相应的责任。

第一千二百五十七条 【林木致害的责任】因林木折断、倾倒或者果实坠落等造成他人损害，林木的所有人或者管理人不能证明自己没有过错的，应当承担侵权责任。

第一千二百五十八条 【公共场所或道路施工致害责任和窨井等地下设施致害责任】在公共场所或者道路上挖掘、修缮安装地下设施等造成他人损害，施工人不能证明已经设置明显标志和采取安全措施的，应当承担侵权责任。

窨井等地下设施造成他人损害，管理人不能证明尽到管理职责的，应当承担侵权责任。

附　　则

第一千二百五十九条 【法律术语含义】民法所称的“以上”、“以下”、“以内”、“届满”，包括本数；所称的“不满”、“超过”、“以外”，不包括本数。

第一千二百六十条 【施行日期】本法自2021年1月1日起施行。《中华人民共和国婚姻法》、《中华人民共和国继承法》、《中华人民共和国民法通则》、《中华人民共和国收养法》、《中华人民共和国担保法》、《中华人民共和国合同法》、《中华人民共和国物权法》、《中华人民共和国侵权责任法》、《中华人民共和国民法总则》同时废止。

民法典人格权编与相关规定对照表

（左栏删除线部分为删除的内容，右栏黑体部分为增加的内容，两栏下划线部分为修改的内容）

相关法律规定	民法典人格权编
	第四编　人　格　权
	第一章　一般规定
	第九百八十九条　本编调整因人格权的享有和保护产生的民事关系。
	第九百九十条　人格权是民事主体享有的生命权、身体权、健康权、姓名权、名称权、肖像权、名誉权、荣誉权、隐私权等权利。 除前款规定的人格权外，自然人享有基于人身自由、人格尊严产生的其他人格权益。
	第九百九十一条　民事主体的人格权受法律保护，任何组织或者个人不得侵害。

相关法律规定	民法典人格权编
	第九百九十二条　人格权不得放弃、转让或者继承。
	第九百九十三条　民事主体可以将自己的姓名、名称、肖像等许可他人使用，但是依照法律规定或者根据其性质不得许可的除外。
《精神损害赔偿司法解释》 第三条　自然人死亡后，其近亲属因下列侵权行为遭受精神痛苦，向人民法院起诉请求赔偿精神损害的，人民法院应当依法予以受理： （一）以侮辱、诽谤、贬损、丑化或者违反社会公共利益、社会公德的其他方式，侵害死者姓名、肖像、名誉、荣誉； （二）非法披露、利用死者隐私，或者以违反社会公共利益、社会公德的其他方式侵害死者隐私；	第九百九十四条　死者的姓名、肖像、名誉、荣誉、隐私、遗体等受到侵害的，其配偶、子女、父母有权依法请求行为人承担民事责任；死者没有配偶、子女且父母已经死亡的，其他近亲属有权依法请求行为人承担民事责任。

相关法律规定	民法典人格权编
（三）非法利用、损害遗体、遗骨，或者以违反社会公共利益、社会公德的其他方式侵害遗体、遗骨。	
《民法通则》 第一百二十条　公民的姓名权、肖像权、名誉权、荣誉权受到侵害的，有权要求停止侵害，恢复名誉，消除影响，赔礼道歉，并可以要求赔偿损失。 法人的名称权、名誉权、荣誉权受到侵害的，适用前款规定。	第九百九十五条　人格权受到侵害的，受害人有权依照本法和其他法律的规定请求行为人承担民事责任。受害人的停止侵害、排除妨碍、消除危险、消除影响、恢复名誉、赔礼道歉请求权，不适用诉讼时效的规定。
	第九百九十六条　因当事人一方的违约行为，损害对方人格权并造成严重精神损害，受损害方选择请求其承担违约责任的，不影响受损害方请求精神损害赔偿。
	第九百九十七条　民事主体有证据证明行为人正在实施

相关法律规定	民法典人格权编
	或者即将实施侵害其人格权的违法行为，不及时制止将使其合法权益受到难以弥补的损害的，有权依法向人民法院申请采取责令行为人停止有关行为的措施。
	第九百九十八条　认定行为人承担侵害除生命权、身体权和健康权外的人格权的民事责任，应当考虑行为人和受害人的职业、影响范围、过错程度，以及行为的目的、方式、后果等因素。
	第九百九十九条　为公共利益实施新闻报道、舆论监督等行为的，可以合理使用民事主体的姓名、名称、肖像、个人信息等；使用不合理侵害民事主体人格权的，应当依法承担民事责任。

相关法律规定	民法典人格权编
《最高人民法院审理利用信息网络侵害人身权益民事纠纷案件适用法律若干问题的规定》 第十六条　~~人民法院判决侵权人~~承担赔礼道歉、消除影响或者恢复名誉等责任形式的，应当与侵权的具体方式和~~所~~造成的影响范围相当。侵权人拒不履行的，人民法院可以采取在网络上发布公告或者公布裁判文书等~~合理的~~方式执行，~~由此~~产生的费用由侵权人承担。	第一千条　行为人因侵害人格权承担消除影响、恢复名誉、赔礼道歉等民事责任的，应当与行为的具体方式和造成的影响范围相当。 行为人拒不承担前款规定的民事责任的，人民法院可以采取在报刊、网络等媒体上发布公告或者公布生效裁判文书等方式执行，产生的费用由行为人负担。
	第一千零一条　对自然人因婚姻家庭关系等产生的身份权利的保护，适用本法第一编、第五编和其他法律的相关规定；没有规定的，可以根据其性质参照适用本编人格权保护的有关规定。

相关法律规定	民法典人格权编
	第二章　生命权、身体权和健康权
《民法通则》 第九十八条　公民享有生命健康权。	第一千零二条　自然人享有生命权。自然人的生命安全和生命尊严受法律保护。任何组织或者个人不得侵害他人的生命权。
	第一千零三条　自然人享有身体权。自然人的身体完整和行动自由受法律保护。任何组织或者个人不得侵害他人的身体权。
《民法通则》 第九十八条　公民享有生命健康权。	第一千零四条　自然人享有健康权。自然人的身心健康受法律保护。任何组织或者个人不得侵害他人的健康权。
	第一千零五条　自然人的生命权、身体权、健康权受到侵害或者处于其他危难情形的，负有法定救助义务的组织或者个人应当及时施救。

相关法律规定	民法典人格权编
《人体器官移植条例》 第七条　人体器官捐献应当遵循自愿、无偿的原则。 公民享有捐献或者不捐献其人体器官的权利；任何组织或者个人不得强迫、欺骗或者利诱他人捐献人体器官。 第八条　捐献人体器官的公民应当具有完全民事行为能力。公民捐献其人体器官应当有书面形式的捐献意愿，对已经表示捐献其人体器官的意愿，有权予以撤销。 公民生前表示不同意捐献其人体器官的，任何组织或者个人不得捐献、摘取该公民的人体器官；公民生前未表示不同意捐献其人体器官的，该公民死亡后，其配偶、成年子女、父母可以以书面形式共同表示同意捐献该公民人体器官的意愿。	**第一千零六条　完全民事行为能力人有权依法自主决定无偿捐献其人体细胞、人体组织、人体器官、遗体。**任何组织或者个人不得强迫、欺骗、利诱其捐献。 完全民事行为能力人依据前款规定同意捐献的，应当采用书面形式，**也可以订立遗嘱**。 自然人生前未表示不同意捐献的，该自然人死亡后，其配偶、成年子女、父母可以共同决定捐献，决定捐献应当采用书面形式。

相关法律规定	民法典人格权编
《人体器官移植条例》 第三条　~~任何组织或者个人不得~~以任何形式买卖人体器官~~，不得从事与买卖人体器官有关的活动~~。	**第一千零七条　禁止**以任何形式买卖**人体细胞、人体组织、**人体器官、**遗体**。 **违反前款规定的买卖行为无效。**
	第一千零八条　为研制新药、医疗器械或者发展新的预防和治疗方法，需要进行临床试验的，应当依法经相关主管部门批准并经伦理委员会审查同意，向受试者或者受试者的监护人告知试验目的、用途和可能产生的风险等详细情况，并经其书面同意。 **进行临床试验的，不得向受试者收取试验费用。**
	第一千零九条　从事与人体基因、人体胚胎等有关的医学和科研活动，应当遵守法律、行政法规和国家有关规定，不得危害人体健康，不得违背伦理道德，不得损害公共利益。

相关法律规定	民法典人格权编
	第一千零一十条　违背他人意愿，以言语、文字、图像、肢体行为等方式对他人实施性骚扰的，受害人有权依法请求行为人承担民事责任。 机关、企业、学校等单位应当采取合理的预防、受理投诉、调查处置等措施，防止和制止利用职权、从属关系等实施性骚扰。
	第一千零一十一条　以非法拘禁等方式剥夺、限制他人的行动自由，或者非法搜查他人身体的，受害人有权依法请求行为人承担民事责任。
	第三章　姓名权和名称权
《民法通则》 第九十九条第一款　公民享有姓名权，有权决定、使用和依照规定改变自己的姓名，~~禁止他人干涉、盗用、假冒~~。	第一千零一十二条　自然人享有姓名权，有权依法决定、使用、变更或者许可他人使用自己的姓名，但是不得违背公序良俗。

相关法律规定	民法典人格权编
《民法通则》 **第九十九条第二款** 法人、个体工商户、个人合伙享有名称权。~~企业法人、个体工商户、个人合伙~~有权使用、~~依法~~转让自己的名称。	**第一千零一十三条** 法人、非法人组织享有名称权，有权**依法决定**、使用、**变更**、转让**或者许可他人使用**自己的名称。
	第一千零一十四条 任何组织或者个人不得以干涉、盗用、假冒等方式侵害他人的姓名权或者名称权。
《全国人民代表大会常务委员会关于〈中华人民共和国民法通则〉第九十九条第一款、〈中华人民共和国婚姻法〉第二十二条的解释》 ~~公民依法享有姓名权。公民行使姓名权，还应当尊重社会公德，不得损害社会公共利益。~~ 公民~~原则上~~应当随父姓或者母姓。有下列情形之一的，可以在父姓和母姓之外选取姓氏：	**第一千零一十五条** 自然人应当随父姓或者母姓，**但是**有下列情形之一的，可以在父姓和母姓之外选取姓氏： （一）选取其他直系长辈血亲的姓氏； （二）因由法定扶养人以外的人扶养而选取扶养人姓氏； （三）有不违背公序良俗的其他正当理由。 少数民族自然人的姓氏可

相关法律规定	民法典人格权编
（一）选取其他直系长辈血亲的姓氏； （二）因由法定扶养人以外的人扶养而选取扶养人姓氏； （三）有不违反公序良俗的其他正当理由。 少数民族公民的姓氏可以从本民族的文化传统和风俗习惯。	以遵从本民族的文化传统和风俗习惯。
	第一千零一十六条　自然人决定、变更姓名，或者法人、非法人组织决定、变更、转让名称的，应当依法向有关机关办理登记手续，但是法律另有规定的除外。 民事主体变更姓名、名称的，变更前实施的民事法律行为对其具有法律约束力。
	第一千零一十七条　具有一定社会知名度，被他人使用足以造成公众混淆的笔名、艺

相关法律规定	民法典人格权编
	名、网名、译名、字号、姓名和名称的简称等，参照适用姓名权和名称权保护的有关规定。
	第四章　肖像权
《民法通则》 第一百条　公民享有肖像权，~~未经本人同意，不得以营利为目的使用公民的肖像~~。	第一千零一十八条　自然人享有肖像权，有权依法制作、使用、公开或者许可他人使用自己的肖像。 肖像是通过影像、雕塑、绘画等方式在一定载体上所反映的特定自然人可以被识别的外部形象。
	第一千零一十九条　任何组织或者个人不得以丑化、污损，或者利用信息技术手段伪造等方式侵害他人的肖像权。未经肖像权人同意，不得制作、使用、公开肖像权人的肖像，但是法律另有规定的除外。 未经肖像权人同意，肖像作品权利人不得以发表、复制、

相关法律规定	民法典人格权编
	发行、出租、展览等方式使用或者公开肖像权人的肖像。
	第一千零二十条　合理实施下列行为的，可以不经肖像权人同意： （一）为个人学习、艺术欣赏、课堂教学或者科学研究，在必要范围内使用肖像权人已经公开的肖像； （二）为实施新闻报道，不可避免地制作、使用、公开肖像权人的肖像； （三）为依法履行职责，国家机关在必要范围内制作、使用、公开肖像权人的肖像； （四）为展示特定公共环境，不可避免地制作、使用、公开肖像权人的肖像； （五）为维护公共利益或者肖像权人合法权益，制作、使用、公开肖像权人的肖像的其他行为。

相关法律规定	民法典人格权编
	第一千零二十一条　当事人对肖像许可使用合同中关于肖像使用条款的理解有争议的，应当作出有利于肖像权人的解释。
	第一千零二十二条　当事人对肖像许可使用期限没有约定或者约定不明确的，任何一方当事人可以随时解除肖像许可使用合同，但是应当在合理期限之前通知对方。 当事人对肖像许可使用期限有明确约定，肖像权人有正当理由的，可以解除肖像许可使用合同，但是应当在合理期限之前通知对方。因解除合同造成对方损失的，除不可归责于肖像权人的事由外，应当赔偿损失。
	第一千零二十三条　对姓名等的许可使用，参照适用肖像许可使用的有关规定。

相关法律规定	民法典人格权编
	对自然人声音的保护，参照适用肖像权保护的有关规定。
	第五章　名誉权和荣誉权
《民法通则》 第一百零一条　公民、法人享有名誉权，公民的人格尊严受法律保护，禁止用侮辱、诽谤等方式损害公民、法人的名誉。	第一千零二十四条　民事主体享有名誉权。任何组织或者个人不得以侮辱、诽谤等方式侵害他人的名誉权。 名誉是对民事主体的品德、声望、才能、信用等的社会评价。
	第一千零二十五条　行为人为公共利益实施新闻报道、舆论监督等行为，影响他人名誉的，不承担民事责任，但是有下列情形之一的除外： （一）捏造、歪曲事实； （二）对他人提供的严重失实内容未尽到合理核实义务； （三）使用侮辱性言辞等贬损他人名誉。

相关法律规定	民法典人格权编
	第一千零二十六条　认定行为人是否尽到前条第二项规定的合理核实义务，应当考虑下列因素： （一）内容来源的可信度； （二）对明显可能引发争议的内容是否进行了必要的调查； （三）内容的时限性； （四）内容与公序良俗的关联性； （五）受害人名誉受贬损的可能性； （六）核实能力和核实成本。
《最高人民法院关于审理名誉权案件若干问题的解答》 ~~九、问：因文学作品引起的名誉权纠纷，应如何认定是否构成侵权？~~ ~~答：撰写、~~发表文学作品~~，~~不是以~~生活中~~特定~~的~~人为	**第一千零二十七条　行为人发表的文学、艺术作品以真人真事或者特定人为描述对象，包含侮辱、诽谤内容，侵害他人名誉权的，受害人有权依法请求该行为人承担民事责任。** **行为人发表的文学、艺术**

相关法律规定	民法典人格权编
描写对象，仅是作品的情节与生活中某人的情况相似，不应认定为侵害他人名誉权。 描写真人真事的文学作品，对特定人进行侮辱、诽谤或者披露隐私损害其名誉的；或者虽未写明真实姓名和住址，但事实是以特定人或者特定人的特定事实为描写对象，文中有侮辱、诽谤或者披露隐私的内容，致其名誉受到损害的，应认定为侵害他人名誉权。 编辑出版单位在作品已被认定为侵害他人名誉权或者被告知明显属于侵害他人名誉权后，应刊登声明消除影响或者采取其他补救措施；拒不刊登声明，不采取其他补救措施，或者继续刊登、出版侵权作品的，应认定为侵权。	作品不以特定人为描述对象，仅其中的情节与该特定人的情况相似的，不承担民事责任。

相关法律规定	民法典人格权编
	第一千零二十八条　民事主体有证据证明报刊、网络等媒体报道的内容失实，侵害其名誉权的，有权请求该媒体及时采取更正或者删除等必要措施。
《征信业管理条例》 第十七条　信息主体可以向征信机构查询自身信息。个人信息主体有权每年两次免费获取本人的信用报告。 第二十五条　信息主体认为征信机构采集、保存、提供的信息存在错误、遗漏的，有权向征信机构或者信息提供者提出异议，要求更正。 征信机构或者信息提供者收到异议，应当按照国务院征信业监督管理部门的规定对相关信息作出存在异议的标注，自收到异议之日起20日内进行核查和处理，并将结果书面答复异议人。	第一千零二十九条　民事主体可以依法查询自己的信用评价；发现信用评价不当的，有权提出异议并请求采取更正、删除等必要措施。信用评价人应当及时核查，经核查属实的，应当及时采取必要措施。

相关法律规定	民法典人格权编
经核查，确认相关信息确有错误、遗漏的，信息提供者、征信机构应当予以更正；确认不存在错误、遗漏的，应当取消异议标注；经核查仍不能确认的，对核查情况和异议内容应当予以记载。	
	第一千零三十条　民事主体与征信机构等信用信息处理者之间的关系，适用本编有关个人信息保护的规定和其他法律、行政法规的有关规定。
《民法通则》 **第一百零二条**　公民、法人享有荣誉权，禁止非法剥夺公民、法人的荣誉称号。	**第一千零三十一条**　民事主体享有荣誉权。**任何组织或者个人**不得非法剥夺他人的荣誉称号，**不得诋毁、贬损他人的荣誉。** **获得的荣誉称号应当记载而没有记载的，民事主体可以请求记载；获得的荣誉称号记载错误的，民事主体可以请求更正。**

相关法律规定	民法典人格权编
	第六章　隐私权和个人信息保
	第一千零三十二条　自然人享有隐私权。任何组织或者个人不得以刺探、侵扰、泄露、公开等方式侵害他人的隐私权。 隐私是自然人的私人生活安宁和不愿为他人知晓的私密空间、私密活动、私密信息。
	第一千零三十三条　除法律另有规定或者权利人明确同意外，任何组织或者个人不得实施下列行为： （一）以电话、短信、即时通讯工具、电子邮件、传单等方式侵扰他人的私人生活安宁； （二）进入、拍摄、窥视他人的住宅、宾馆房间等私密空间； （三）拍摄、窥视、窃听、公开他人的私密活动；

相关法律规定	民法典人格权编
	（四）拍摄、窥视他人身体的私密部位； （五）处理他人的私密信息； （六）以其他方式侵害他人的隐私权。
《网络安全法》 **第七十六条第五项** ~~本法下列用语的含义：~~ ~~（五）~~个人信息~~，~~是~~指~~以电子或者其他方式记录的能够单独或者与其他信息结合识别自然人~~个人身份~~的各种信息，包括~~但不限于~~自然人的姓名、出生日期、身份证件号码、~~个人~~生物识别信息、住址、电话号码等。	**第一千零三十四条　自然人的个人信息受法律保护。** 个人信息是以电子或者其他方式记录的能够单独或者与其他信息结合识别**特定**自然人的各种信息，包括自然人的姓名、出生日期、身份证件号码、生物识别信息、住址、电话号码、**电子邮箱、健康信息、行踪信息**等。 **个人信息中的私密信息，适用有关隐私权的规定；没有规定的，适用有关个人信息保护的规定。**
《网络安全法》 **第四十一条**　网络运营者	**第一千零三十五条　处理个人信息的，应当遵循合法、**

相关法律规定	民法典人格权编
收集、使用个人信息，应当遵循合法、正当、必要的原则，公开收集、使用规则，明示收集、使用信息的目的、方式和范围，并经被收集者同意。 网络运营者不得收集与其提供的服务无关的个人信息，不得违反法律、行政法规的规定和双方的约定收集、使用个人信息，并应当依照法律、行政法规的规定和与用户的约定，处理其保存的个人信息。	**正当、必要原则，不得过度处理，并符合下列条件：** （一）征得该自然人或者其监护人同意，**但是法律、行政法规另有规定的除外；** （二）公开处理信息的规则； （三）明示处理信息的目的、方式和范围； （四）不违反法律、行政法规的规定和双方的约定。 **个人信息的处理包括个人信息的收集、存储、使用、加工、传输、提供、公开等。**
	第一千零三十六条　处理个人信息，有下列情形之一的，行为人不承担民事责任： （一）在该自然人或者其监护人同意的范围内合理实施的行为； （二）合理处理该自然人自

相关法律规定	民法典人格权编
	行公开的或者其他已经合法公开的信息，但是该自然人明确拒绝或者处理该信息侵害其重大利益的除外； （三）为维护公共利益或者该自然人合法权益，合理实施的其他行为。
《网络安全法》 第四十三条　个人发现网络运营者违反法律、行政法规的规定或者双方的约定收集、使用其个人信息的，有权要求网络运营者删除其个人信息；发现网络运营者收集、存储的其个人信息有错误的，有权要求网络运营者予以更正。网络运营者应当采取措施予以删除或者更正。	第一千零三十七条　自然人可以依法向信息处理者查阅或者复制其个人信息；发现信息有错误的，有权提出异议并请求及时采取更正等必要措施。 自然人发现信息处理者违反法律、行政法规的规定或者双方的约定处理其个人信息的，有权请求信息处理者及时删除。
《网络安全法》 第四十二条　网络运营者不得泄露、篡改、毁损其收集	第一千零三十八条　信息处理者不得泄露或者篡改其收集、存储的个人信息；未经自

相关法律规定	民法典人格权编
的个人信息；未经被收集者同意，不得向他人提供个人信息。但是，经过处理无法识别特定个人且不能复原的除外。 网络运营者应当采取技术措施和其他必要措施，确保其收集的个人信息安全，防止信息泄露、毁损、丢失。在发生或者可能发生个人信息泄露、毁损、丢失的情况时，应当立即采取补救措施，按照规定及时告知用户并向有关主管部门报告。	然人同意，不得向他人**非法**提供**其**个人信息，但是经过加工无法识别特定个人且不能复原的除外。 信息处理者应当采取技术措施和其他必要措施，确保其收集、**存储**的个人信息安全，防止信息泄露、**篡改**、丢失；发生或者可能发生个人信息泄露、**篡改**、丢失的，应当及时采取补救措施，按照规定告知自然人并向有关主管部门报告。
	第一千零三十九条　国家机关、承担行政职能的法定机构及其工作人员对于履行职责过程中知悉的自然人的隐私和个人信息，应当予以保密，不得泄露或者向他人非法提供。

图书在版编目（CIP）数据

民法典人格权编热点问题100问／中国法制出版社编．—北京：中国法制出版社，2020.7
（公民新法早知道系列）
ISBN 978-7-5216-1087-1

Ⅰ.①民…　Ⅱ.①中…　Ⅲ.①人格-权利-法规-中国-问题解答　Ⅳ.①D923.15

中国版本图书馆CIP数据核字（2020）第080196号

策划编辑：戴蕊（dora6322@sina.com）
责任编辑：戴蕊　朱自文　　封面设计：周黎明

民法典人格权编热点问题100问
MINFADIAN RENGEQUANBIAN REDIAN WENTI 100 WEN

编者／中国法制出版社
经销／新华书店
印刷／煤炭工业出版社印刷厂
开本／880毫米×1230毫米　32开　　印张／5.75　字数／96千
版次／2020年7月第1版　　2020年7月第1次印刷

中国法制出版社出版
书号ISBN 978-7-5216-1087-1　　定价：25.00元

北京西单横二条2号
邮政编码100031　　传真：010-66031119
网址：http://www.zgfzs.com　　**编辑部电话：010-66065921**
市场营销部电话：010-66033393　　**邮购部电话：010-66033288**

（如有印装质量问题，请与本社印务部联系调换。电话：010-66032926）